業界の裏表を知りつくす
プロ経営者が教える

賃貸オフィスの最強戦略

池野 衛 オフィスストラテジスト
Mamoru Ikeno

Working Environment Optimization
Management System

東洋経済新報社

はじめに

いまや想像すらしにくいが、１９９０年代後半まで、オフィスにはまだパソコンが普及していなかった。インターネットもメールもない時代、さぞや不便だったろうと思いがちだが、それは後世の錯覚である。当時のオフィスワーカーは、ワープロや電卓、ファクシミリしかなくても、それほど不便を感じることはなかった。

同様に、いまとなっては考えられないが、１９７０年代後半まで、ほとんどのオフィスにはエアコンもなかった。寒い季節はともかく、猛暑の時期はさぞかし不快だったろうと思われるが、当時はそれを当たり前の環境と受けとめていたはずである。

歴史をさかのぼれば、自宅からオフィスへの電車通勤が日常的な光景になったのは１９２０年代とされる。このころ、現代の我々にもなじみ深い働き方の原型ができあがったのだろう。それまでの日本人にとって、働くということは必ずしもデスクワークを意味しなかった。農作業や職人の手工業、いわゆる住み込みの奉公など、さまざまなスタイルで働いていたのである。

新しい文化や慣習が定着すると、それまでの常識や社会通念は一気に古びてしまう。新型コロナウイルスのパンデミックによってテレワークが常態化しつつあるいま、これまで我々が当然と思い込んできた働き方やオフィスのあり方も、急速に古びはじめているのかもしれない。日本のオフィス環境は、現在、歴史的な転機を迎えている。

ところが、新たな時代にふさわしいオフィスのあり方が模索されるなかで、そこに一定の役割を果たすべき人材が、日本にはきわめて少ない。ファシリティマネジメントについて、豊富な知識と経験をもつ専門家が、ほとんど見当たらないのである。不動産や建設、ＯＡ機器、オフィス家具、物流など、各界の大手企業を親会社とするファシリティ関連企業は存在するものの、ファシリティ全般にわたる総合的なコンサルティングの担い手は少ないのが実情といっていい。

まして、一般企業が社内にファシリティマネジメントの専門家を抱える例は稀で、案件が生じるたび、総務部や管理部が片手間に担当するのが一般的である。賃貸借契約の更新時に貸主側から賃料の値上げを提示されて移転を計画し、物件探しはビル仲介会社に任せて、その機会にオフィス家具やＯＡ機器も、それぞれ販売会社に見繕わせる、というのが実態だろう。だが、オフィスは本来、そうした場当たり的な進め方で整備すべきではない。なぜなら、オフィスとは単に従業員を収容するためのハコではないからだ。

いうまでもなく、オフィス環境の整備は賃料や光熱費をはじめとするコストの増減に直結する。また、快適な労働環境を実現できるかどうかは、従業員の生産性を左右する問題でもある。さらに、オフィスは自社のブランディング戦略を考えるうえで重要な要素のひとつともなる。オフィスの整備とは、まさに中長期的な経営戦略の一環として位置付けるべき重要課題なのである。

したがって、従来のように総務部や管理部が一時的に兼務すればいい、といった認識はあらためたほうがいい。もちろん、実務は現場に任せるべきだが、あくまで経営者が主導し、意思決定しなければならない。その際、経営者を強力にサポートするのが本書でご紹介するWEOマネジメントである。

WEOマネジメントとは、企業にとって最も適切なオフィス環境を整備するためのコンサルティング技法である。その端的な特徴は、オフィス移転の妥当性そのものを検証することができる点にある。つまり、コンサルティングの結果、「移転しない」という選択肢が最適解として提案される可能性があるのだ。詳しくは本書で述べるが、従来のコンサルティングは事実上、移転を前提としているため、移転しない場合のシミュレーションは実施されない。

本書の目的は、ＷＥＯマネジメントがどういうものなのか、ひとりでも多くの方に、その具体的な姿を理解していただくことにある。そのため、図表はもちろん、実際のコンサルティング事例も挙げながら、さまざまな立場の方に理解していただけるように努めた。ＭＡＣオフィスの経営革新ストーリーや牛島信氏との対談は、それぞれ違った角度からＷＥＯマネジメントに光を当てることになるだろう。結果として、ＷＥＯマネジメントが立体的に浮かび上がってくるのではないだろうか。

新たな時代にふさわしいオフィス環境を整備するうえで、本書がその一助となれば幸いである。

業界の裏表を知りつくすプロ経営者が教える

賃貸オフィスの最強戦略

ー目次ー

第 I 部

日本のオフィスにイノベーションを

最適化が求められる「第5の経営資源」

第1章

日本流ファシリティマネジメントの破綻

企業を襲うオフィス戦略クライシス

人口減少時代とイノベーション

わが国では、いわゆる人口オーナス期における東京への一極集中により、地方の過疎化が進行している。東京の経済的繁栄と地方の衰退という格差がますます顕著になり、国土の有効利用という望ましい姿からは、ほど遠いのが現実だ。

そうした地方の現実を象徴するのが、空き家問題である。空き家の増加は、治安の問題だけでなく、火事など防災面の不安要素にもなる。なかには持ち主さえ不明な場合もあり、取り壊すこともできず、廃屋が街の荒廃につながっている。

こうした問題は、法律の整備はもちろん、働き方の多様化を推進するなど、抜本的な視点から見直しを行っていかなければ、解決にはいたらないだろう。前向きにとらえれば、この大きな社会問題は、イノベーションが最も求められている改革事項であり、若い力や革新的な試みを導入しやすい状況にあるともいえる。

また、少子高齢化が急速に進んだ結果、２００８年をピークに日本の総人口は減少に転じており、人口減少と要介護者の急増にともなう労働力人口の不足という難題にも直面している。こうしたことは、人口動態統計で30年以上前から予見できた問題だが、有効な対策を見いだせないまま、現在にいたっている。

労働力人口の減少は、日本の経済規模や労働市場の縮小に直結し、GDPも低下させるおそれがある。その悪影響を和らげるためにも、地方創生や育児・介護中の人材の活用、高齢者の活用など、クラウド時代におけるワークスタイルの変革が企業側には求められるはずである。

しかし、そうした対策は一時的な緩和策に過ぎず、長期的には労働力人口の減少を避けることは難しい。そのため、将来的にはロボットやAIの導入、空き家の「サードプレイス」としての有効活用など、企業は労働生産性の向上につながる具体的な適応策を推進していかなければならない。

疲弊する従業員から突き付けられる企業への絶縁状

ご承知のように、日本経済はコロナ禍という外的要因により低迷している。しかも、それ以前から日本は膨大な債務を抱えていた。債務残高がGDPの2倍超という、主要先進国のなかでも最も高い水準にあるのだ。今後もあらゆる非常事態に対処するために、さらに借金を増やさざるを得ないだろう。当然のことながら、日本の消費市場も活性化にはほど遠い状態で、企業の収益を圧迫しつづけている。

しかし、こうした外部環境に目を奪われ、組織内部でひそかに進行している非常事態を察知している企業は、少ないように思われる。非常事態とは、従業員の働き方に対するバリューシフトである。放っておけば、仕事へのやる気を失うといった〝ワークエンゲージメントの大暴落〟を引き起こしかねない。中長期的に見れば、多くの組織の存在そのものを揺るがしかねないほど恐ろしい事態が、刻々と進行しているのだ。

働き方改革推進により、昨今「新しい働き方」の一つとして注目される在宅勤務（テレワーク）は、コロナ禍をきっかけに導入する企業が加速度的に増えた。

内閣府の「新型コロナウイルス感染症の影響下における生活意識・行動の変化に関する調査」によれば、テレワーク実施率は２０２１年４～５月に全国で30・８％に対し、東京23区では53・５％と圧倒的に高い。同調査では、テレワークは「社内での気軽な相談・報告が困難」「取引先等とのやりとりが困難」といったデメリットを感じる人がいる一方で、テレワーク実施者で83％、中止者でも41％が今後もテレワークを希望しており、テレワーク継続への強い希望がうかがえる結果となっている。

この２０２０年12月調査では年収別のテレワーク実施率も公開されているが、年収１０００万円以上の51％に対し、年収３００万円未満では12・７％に過ぎず、年収の高さに比例し

図表1-1　就業者本人の年収別のテレワーク実施率

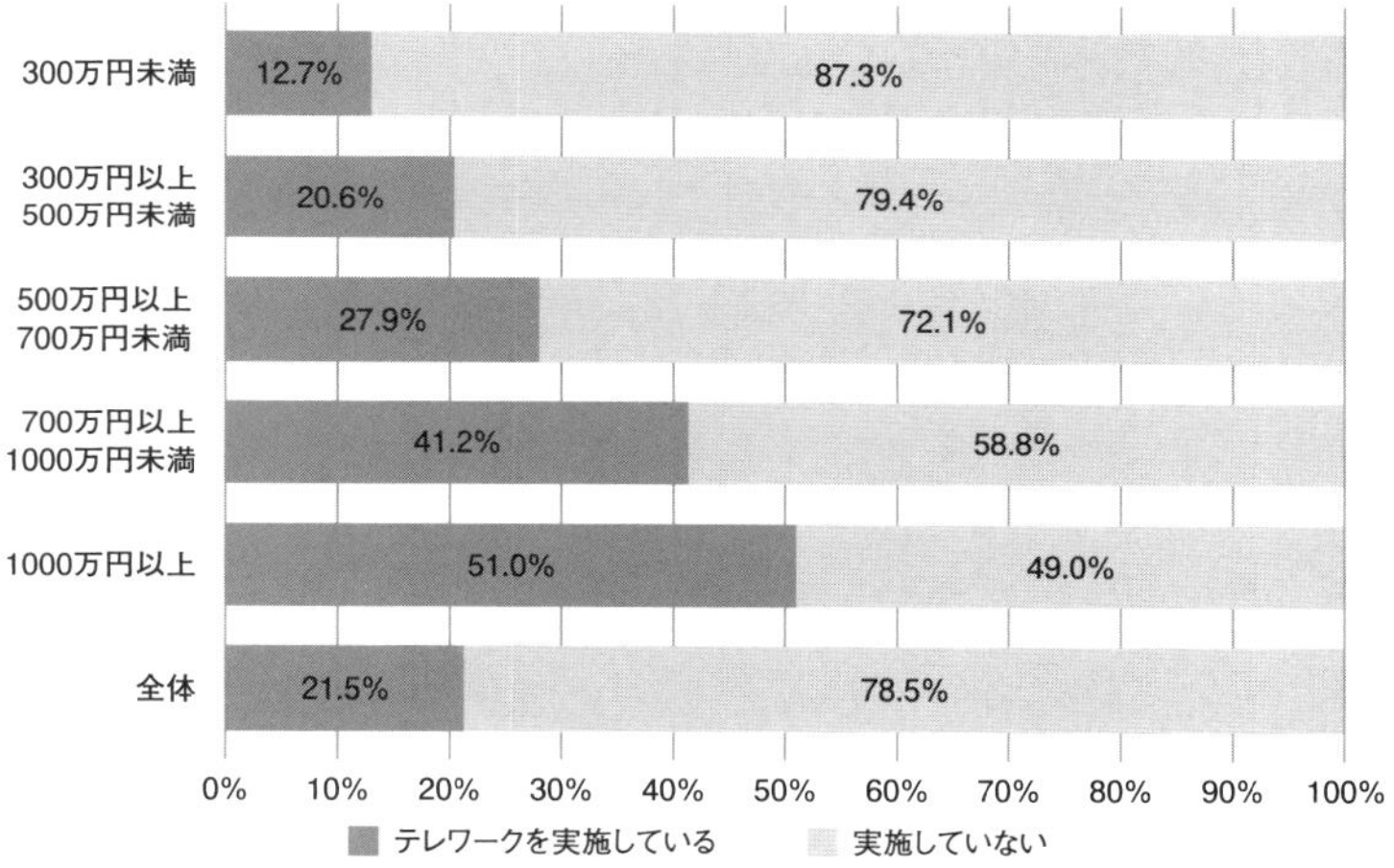

図表1-2　地域別のテレワーク実施率（就業者）

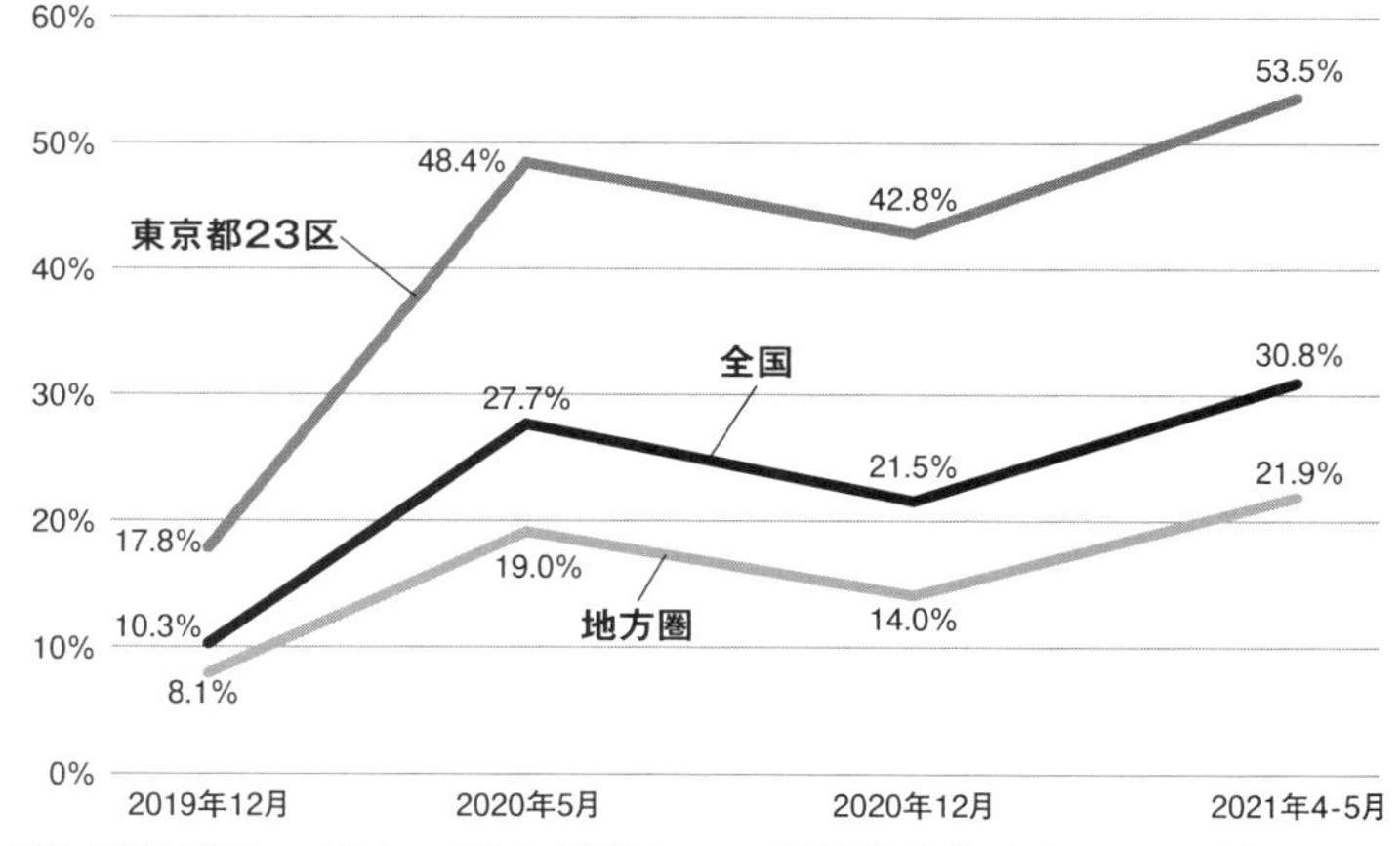

出所：内閣府「新型コロナウイルス感染症の影響下における生活意識・行動の変化に関する調査」
（図表1-1、1-2共通）

図表1-3　就職活動中の学生のテレワークに関する意向
（入社先の企業にテレワークの制度があったら利用したいか）

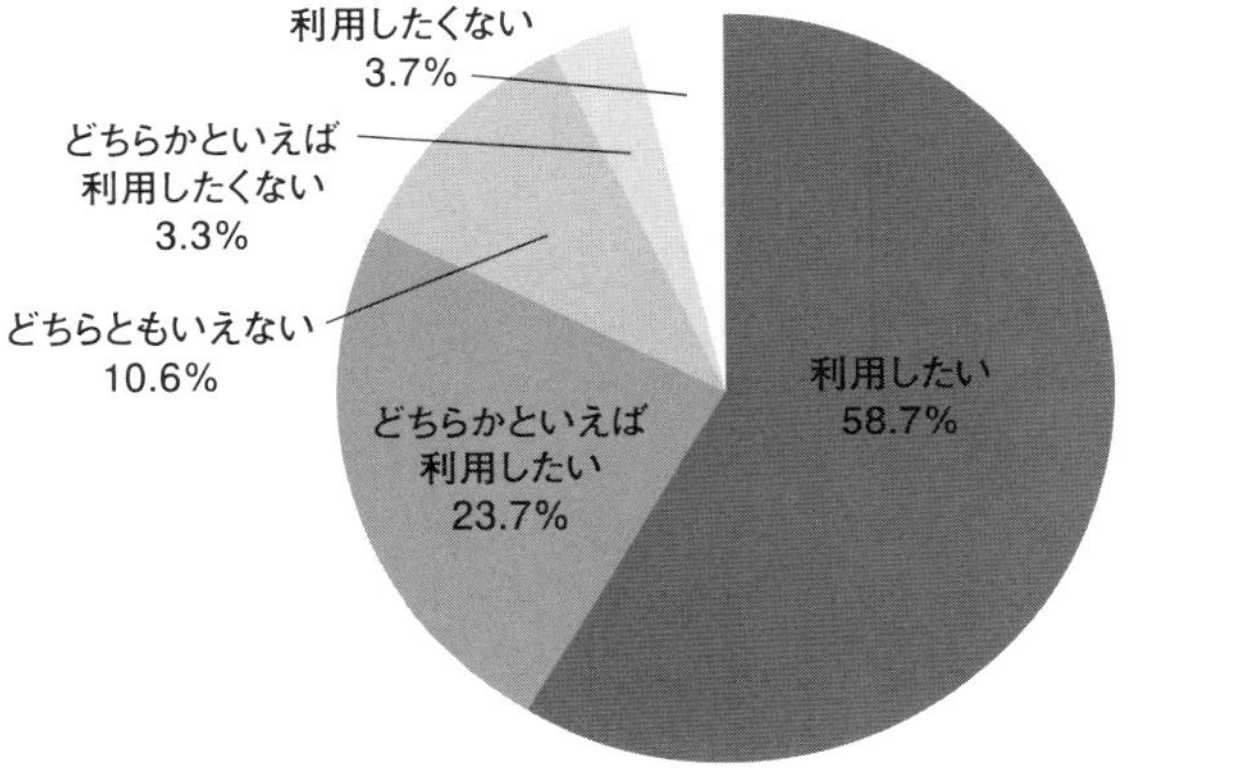

注：対象は2022年3月卒業もしくは修了予定の就職活動中の大学生および大学院生482名、調査は2021年5月17日〜6月8日に実施
出所：学情

てテレワーク実施率も高いという結果となった。年収の低い労働者は在宅勤務に必要なＩＴ機器などを購入する余裕がなく、その結果、会社、ノマド、在宅といった働く場所の選択肢が少なくなってしまうという現実がある。

一方、働き方改革や新型コロナウイルス感染拡大を受けて企業のテレワーク体制が進むなか、就職活動中の大学生や大学院生はテレワークに関してどのような考えを持っているのだろうか。

「入社先の企業にテレワークの制度があったら利用したいか」という実態調査では、「利用したい」（58・7％）、「どちらかと言えば利用したい」（23・7％）となり、全体の82・4％が「入社先の企業のテレワーク実施」に前向きな意向を示した。テレワークの実施に前向きな学生からは、「働き方の選択肢は多いほうがいいと思う」「テレワークも含めた働き方のほうが今の時代にあっていると思う」などの声が寄せられている。

これからのリモートネイティブ世代に企業はどう向き合うべきか。

企業側は、今後も在宅勤務を続けるにあたって、ハード・ソフト両面の課題を突き付けられたことになる。在宅勤務を新しい働き方として定着させるためには、規程や制度の整備、実施時の課題を一つずつクリアにすることが必要となるだろう。これらの対策を万全に行って方針を明確にしておかなければ、社内で疲弊する従業員は増えていくと思われる。

いずれにせよ、ニューノーマルな働き方が企業の経営戦略、なかでもオフィス戦略の中核となる時代が、もうそこまで来ているのかもしれない。

ワークスタイルは進化する

昨今、日本政府の推進する働き方改革や新型コロナウイルス感染拡大を受け、日本でも新たな働き方のスタンダードとしてテレワークに注目が集まった。しかし、米国と比較すれば、日本におけるその普及率はまだまだ低い状況である。２０１５年時点で米国は、すでにテレワーク普及率が85%。一方、日本においては２０２０年8月末時点の調査で、コロナ禍を受けた感染拡大防止対策として導入した企業が増え、前年比倍増以上になったとはいえ、47・５%（総務省「令和2年通信利用動向調査」）となっている。その浸透度格差の背景には、業務に対する評価制度の違いがあるようだ。

日本では、終身雇用を基本とした年功序列制度・メンバーシップ型雇用を採用している企業が多く、長く勤めた人ほど評価される仕組みになっている場合が少なくない。それに対して、米国ではジョブ型雇用がスタンダードとなっており、仕事内容と責任の所在が明確に定められている。また、労働時間管理の制約は設けられておらず、成果主義の評価制度が確立しているため、目標に対する成果を出せば、働く場所がどこであっても同じという考え方が根付いている。

日本を代表する企業であるトヨタ自動車が定期昇給制度にメスを入れ、２０２１年から成果主義の人事評価を加速させたことが話題になったが、中長期的にみれば、今後は日本企業の人事制度改革と並行しながら、テレワークの普及率は間違いなく上昇していくだろう。

しかし、じつのところ、米国ではテレワークに問題意識を感じている企業も少なくない。米国企業のテレワークにおける代表的な懸念として、次の３つが挙げられる。

①コミュニケーションの欠如による生産性の低下

オフィス以外のどこでも仕事ができるのは便利な反面、同僚たちと顔を合わさないことによってチーム全体でのコミュニケーションやチームワークが欠如するという問題が起こってしまう。チーム内での連携が悪くなると、組織で一体感を醸成しながら高度な成果を上げていくことは難しくなるだろう。

②従業員の勤怠管理・健康管理

自宅で仕事ができると時間のけじめがつきにくくなって、むしろ長時間労働につながりがちである。家事や育児が一段落した時間帯に働くような場合、自然と深夜まで働いてしまう。そのため、長時間労働や深夜労働によって心身の不調を訴える人が増えるおそれがある。

③作業環境の未整備による業務効率の低下

テレワークを実施するうえで、業務を円滑に遂行するためには、作業環境の整備が不可欠である。ネット環境をはじめとした作業環境の悪さが原因で、仕事の効率や生産性が低下してしまう可能性がある。

日本企業のテレワークに対するアンケート調査（１３６ページ図表５‐１）でも同様の懸

念が挙げられているところからすると、人事制度の違いはもとより、日本と米国の国策としての力の入れ方の違いが、浸透度格差の背景として考えられそうである。

米国では、２０１０年にテレワーク強化法が施行され、各省庁ではテレワーク導入が義務付けられた。その内容は、テレワークマネジャーを任命し、テレワークが可能な職員を洗い出し、テレワークへ移行させるというものである。日本でも、デジタル庁によるデジタル改革が始まっているが、米国同様、国策としてさらにテレワークが強力に推進される日が来るかもしれない。

オフィス戦略こそ企業存続の切り札

米国をはじめ、テレワークが浸透している国や企業では、時間や場所を問わず、求められた目標に対して成果を出すことで正当な評価を受ける仕組みが整っており、だからこそテレワークが定着している。一方、これまでの日本の企業では、成果より「仕事をした」という事実が評価されがちで、明確な成果がなくても評価のうえで大きな問題がなかった場合も多い。

こうした慣行をあらためて、日本の企業が米国と同じような評価制度を採用するのは、現実的には難しいだろう。それならば、少しずつテレワークを実施して、効率的にできる仕事と非効率的な仕事を切り分けながら、仕事のプロセスをアセスメントしていくことが大事になるのではないだろうか。たとえば、「週3日はテレワーク、それ以外の日は出社」といったように、メリハリをつけることで日本企業の雇用環境に合わせながら浸透させていくことはできるだろう。

このような時代の変化を受けて、オンラインとオフラインでの働き方を一つひとつ検証すると、「働く環境はどうあるべきか」という働き方の根本的な問題に行き当たる。このとき、働く環境の最適化をめざしてワークプレイスを整える程度で、企業はその役割をまっとうしたことになるだろうか。コーポレート・ガバナンスの視点から、企業は長期的な企業価値の増大に向けた取り組みを行うべきだろう。つまり、企業にはファシリティ全体を見直す「ファシリティマネジメント」を実践する務めがあるのだ。

不動産だけでなく、情報ネットワーク環境も含めた働く環境を総合的に整えることは、将来的に予想されるさまざまな変化に対応するためにも、あらゆる企業に共通する課題となっている。そうした認識のもとでオフィス戦略をとらえるとき、心強い武器となるのがファシリティマネジメントである。それをうまく使いこなせるかどうかで、長期的な企業価値は大きく左右されてしまう。どんな変化にも対応できる強力な経営基盤をつくるためにも、ファシリティマネジメントは不可欠な存在といえよう。

ファシリティマネジメントとは

近年、ビジネスの世界で「ファシリティマネジメント」という言葉が注目されている。とくに、２０１１年3月に発生した東日本大震災以降、日本ではファシリティマネジメントへの関心がさらに高まってきた。

だが、「ファシリティマネジメントって何？」と聞かれたとき、明快に答えることはそう簡単ではない。ファシリティマネジメントという言葉には、さまざまな意味が内包されているからである。

公益社団法人日本ファシリティマネジメント協会（ＪＦＭＡ）の定義によると、ファシリティマネジメントとは「企業・団体等が保有又は使用する全施設資産及びそれらの利用環境を経営戦略的視点から総合的かつ統括的に企画、管理、活用する経営活動」とされている。簡単にいうと、ファシリティ（土地や建物、構築物、設備など）すべてを経営にとって最小のコストで最大の効果を得ようとする取り組みである。

このように解説すると、「ビルマネジメント＝建物管理」と同じように感じる人もいるかもしれない。しかし、英語の「facility」には不動産や設備の意味だけでなく、「便宜・容易さ・手早さ」という意味もあり、ハード面だけではなく、ソフト面も内包する言葉なのである。そのため、ファシリティマネジメントは「経営環境全体を最適化する」ことをめざすものと理解することができる。

第5の経営資源、ファシリティ

ファシリティの概念自体が広義であるため、ファシリティマネジメントという言葉の意味もまた広範囲に及ぶ。ファシリティマネジメントの考え方で最も重要なことは、ファシリティを「第5の経営資源」としてとらえる視点である。

経営資源といえば、ひと昔前までヒト（人材）、モノ（物資）、カネ（資金）を指していたが、現在ではヒト（人材）、モノ（技術）、カネ（資金）に情報（無形財産）を加えるのが一般的である。さらに、これらの経営資源を取り巻く「ファシリティ（環境）」を第5の経営資源と位置付ける。4つの経営資源を効率的に運用できるかどうかは「環境」に大きく左右されるからだ。そして、その「環境」を最適化するためのマネジメントをファシリティマネジメント（FM）と呼ぶ。

そもそも、企業活動とは4つの経営資源をうまく組み合わせて「いかに多くの価値を生み

図表1-4　経営資源の考え方の変遷

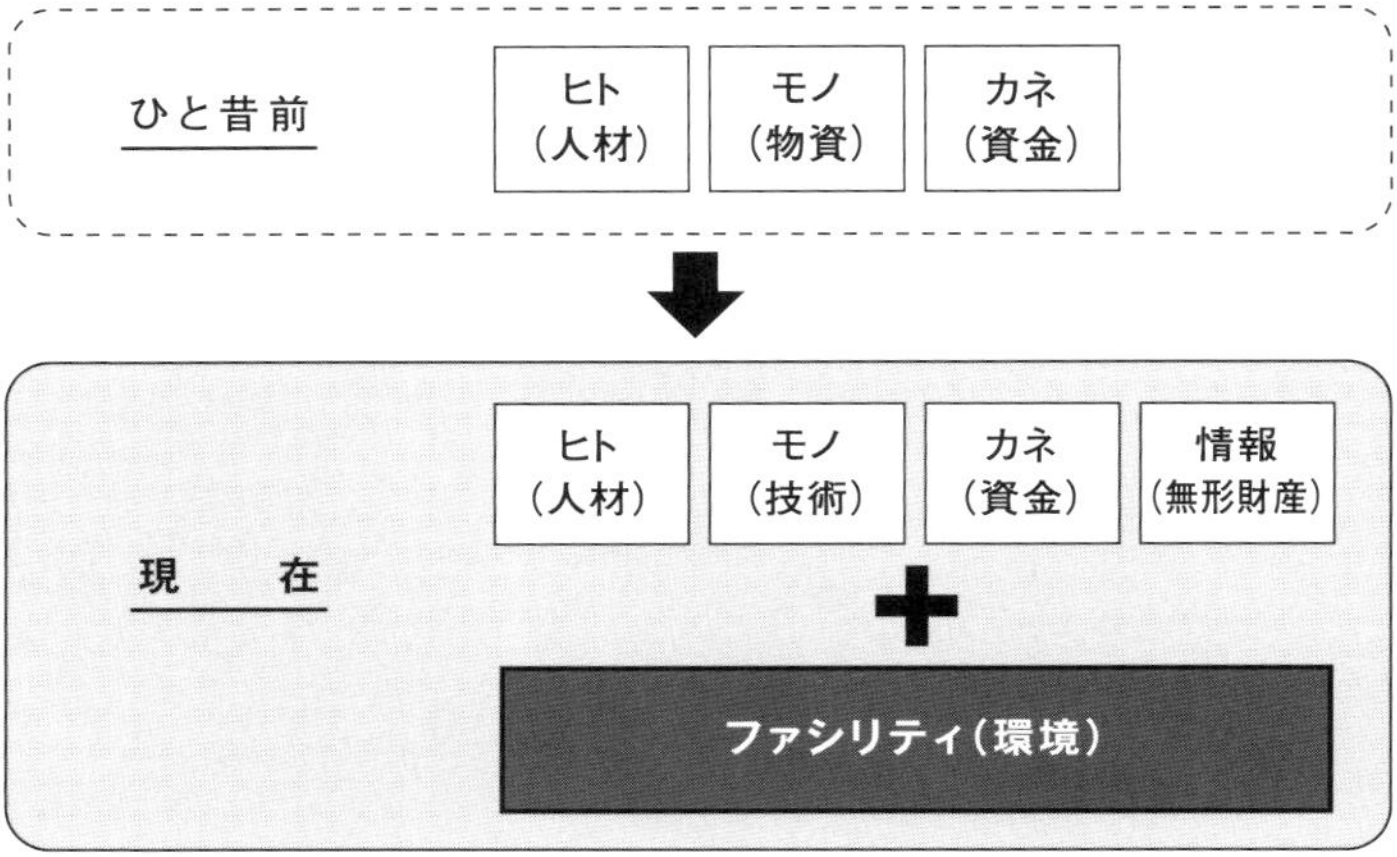

出すかを競う活動」といっても過言ではない。

　では、４つの経営資源を取り巻くファシリティについては、どうだろうか。ファシリティという言葉は、土地や建物、施設の什器、そしてそれらが形成する環境（執務空間や居住空間）を指す。したがって、単にそれらの「維持・保全」くらいにしか意識が及ばないケースも少なくないだろう。だが、ファシリティを「第5の経営資源」として認識し、効率的な運用と最適化をめざすのがファシリティマネジメントである。

　その目的は、企業が使用するファシリティの全体最適化にある。経営的な視点から期待されるファシリティマネジメントの効果をまとめると、以下の４点に要約される。

①コストの最小化

建物・設備などをライフサイクルコスト（ＬＣＣ）の観点で考えるため、不動産の取得から維持・管理・売却までの総費用、設備投資費用、施設運営費用などの最小化を図る。ライフサイクルコストとは、建物・設備などの購入から売却・廃棄までにかかる費用をトータルでとらえたものである。

↓ライフサイクルコスト（ＬＣＣ）、設備投資、施設運営費の最小化

②エフェクト最大化

働きやすいワークプレイスの整備によって、従業員満足度を向上させ、企業の生産性の最大化を図る。

↓利用者の満足度と生産性の最大化

③フレキシビリティの高さ

マネジメント業務を平準化・システム化することで、将来的な経営環境の変化に柔軟に対応させる。

↓施設管理業務の標準化（属人性の排除）により、将来的な経営環境の変化に柔軟対応

④企業の社会的責任に対応

企業不動産（ＣＲＥ）の持つ「外部性」（市場を通さずに第三者に何らかの影響を与

えていること）をふまえ、省エネルギーへの取り組みなど、企業の社会的責任に直結させる。
↓企業の社会的責任（CSR）に関する諸活動、環境問題への効果的な取り組みの実施

たとえば、ある企業が自社使用のためのオフィスビル（自社ビル）を保有していたとする。貸借対照表には、自社ビルが「固定資産」として、それなりの割合を占めることになる。また、ファシリティは広範囲に及ぶため、損益計算書の費用でも、人件費に次ぐ大きさになるだろう。

したがって、経営資源として固定資産が有効に活用できていない場合、経営にとっては大きな損失となるのである。人件費に次ぐ大きな費用が投じられる経営資源が、有効に活用できるかどうかを左右すると考えれば、経営においてファシリティマネジメントが担う役割は大きい。

不動産戦略至上主義の幻想

コロナ禍は、さまざまな業種の市場に劇的な変化をもたらしたが、この事態に企業側も必

死に対応し、対策を講じてきた。なかでも、売上の低迷にあえいだ企業の多くが頼みとしたのは、日本流のファシリティマネジメント会社が提唱してきた「不動産戦略至上主義」ではないだろうか。

「不動産戦略至上主義」とは、市場や競合の状況を分析し、自社の保有資産を細分化して、最適なビジネスプロセスをゼロリセット思考で描き直す。経営戦略を所与のものとしてファシリティ戦略を演繹《えんえき》的に再設計し、トップダウンによるマネジメントを行う体制を整える。従業員の働き方に対する価値観の変化に対しては、シェアオフィスの活用や在宅勤務手当の支給などによって対応し、オフィス戦略については移転や改装、または自社ビルの売却や賃料交渉などで、少ない原資を効率よく分配しようと試みる、といったものである。程度の違いこそあれ、多くの企業がこのような施策を講じてきたはずである。

しかし、このような「不動産戦略至上主義」が望ましい成果をもたらしたかというと、大きな疑問が残る。じつのところ、これらの施策がさらなる迷走を招いてしまった企業も少なくない。なぜなら、日本の多くの企業ではファシリティ業務（の一部）を総務部や厚生部などの従業員が担当しているからである。

もちろん、従業員が担当すること自体は悪いことではないのだが、人事異動の結果、たまたま担当することになった業務と受け止められやすい。いずれ手離れしていく一時的な仕事ととらえれば、次の異動までの間、大過なく勤めあげることに意識が向けられても無理はない。

また、経営企画や管財部で不動産戦略やアセットマネジメント、総務部や人事部でワークプレイス計画やICT（情報通信技術）関連の構築など、複数の部署に業務が分断されるケースも少なくない。最終的には力業でつなぎ合わせるとしても、部門間の認識の壁は厚く、経営戦略と不動産戦略の整合性にまで配慮が及ぶとは考えにくい。

迷走する日本企業のFMアウトソーシング

企業の担当部門やマネジャーがファシリティマネジメント業務を行うとき、どこまで自ら（インハウスで）行うかは、それぞれの企業の考え方しだいである。すべての業務を自社で行う方法から、一部の業務を外部委託する方法（アウトタスキング）、必要なファシリティマネジメント業務を一括して、または総合的に外部委託する方法（アウトソーシング）まで、ファシリティマネジメントにはさまざまな手段がある。

外部委託（アウトソーシング）のメリットとしては、コスト削減や効率化、コア業務に集中できることなどが挙げられる。一方、そのデメリットとして、社内に専門性やノウハウが蓄積されにくいこと、さらにはノウハウの流出も懸念される。帰属意識や対応性、モチベーションなどの点でも、留意する必要はあるだろう。

一般的に、欧米ではファシリティマネジメント業務のアウトソーシング化が進んでいるのに対して、アジア系では自社で対応する企業が多い。欧米のグローバル企業では、業務をコア業務とノンコア業務に分類し、後者については徹底してアウトソーシング化に努めているケースが少なくない。経営環境の変化に応じて、つねに自社の最適なサイズを意識して、適切なアウトソース形態を模索しているのである。

一方、欧米ほどアウトソーシング化が進んでいない日本企業では、ファシリティマネジメントや経理、人事、ＩＴといったノンコア業務を子会社化しているものの、そのリソースやパフォーマンスが適正なのかどうかを判断するのは難しく、経営環境の変化にフレキシブルに対応できていない会社も多く見受けられる。

その要因の一つは、いわゆる縦割り組織の弊害である。ファシリティにかかわる業務が複数の部門にわたるため、ファシリティマネジメントという考え方が浸透せず、その一元的な管理がなかなか進まないのである。

日本の大企業で見られるように、ノンコア業務としてのファシリティマネジメントを子会社化し、そこへ業務委託するメリットは、いうまでもなく信頼感や安心感にある。グループ企業としての信頼関係が根底にあるため、細かな条件書などをつくらなくても、阿吽《あうん》の呼吸で仕事を任せることができるのだ。

このような業務委託は、安定した企業文化で能力的にも信頼でき、仲間意識で業務契約や業務継承が行われてきたときは、じつに効果的な方法であった。しかし、近年、企業はグローバル化し、合併や統合などが行われ、企業文化はかつてのように一様ではなくなってきた。従業員も、派遣や短期、副業など、さまざまな雇用形態に変わってきた現在、今までのような考え方の業務委託では、うまくいかなくなってきている。グループ会社であっても、発注に際しては条件を明確にして、目標やサービスレベルを設定したうえで合意（契約）する必要がある。

これらのことは、ファシリティマネジメント業務にかぎらず、業務を外部に委託するときには当然に押さえるべきことなのだが、日本の企業ではこのあたりをまさに阿吽の呼吸でやってきて、細かい取り決めをむしろ敬遠してきた傾向がある。

しかし、グローバル化した現在、運営維持業務を性能発注で外注化する場合に利用される、ＳＬＡ（Service Level Agreement）、ＫＰＩ（Key Performance Indicator）といった、提供されるサービスの品質を規定したサービス基準合意書や、重要業績評価指標、主要測定指標などによって、明確に業務委託する必要がある。

このような大きな流れのなかで、日本企業のファシリティマネジメントの内製化には矛盾が生じており、今後のファシリティマネジメント業務をどのように進めていくか、日本企業のよさを活かしながらグローバル化へいかに対応していくか、これらの課題を早急に検討しなければならない状況にある。

アウトソーシングこそ競争力の源泉

いつの時代であれ、日本企業はつねに厳しい市場競争の渦中に身を置いている。外資系企業や新興ベンチャー企業の新規参入も増えて、競合企業との競争は激しさを増すばかりである。さらに、顧客が求めるニーズも多様化、複雑化、高度化し、商品やサービスのライフサイクルは加速度的に短くなっている。

このような状況のなか、企業は競争優位を構築するために、新たなビジネスモデルの創出や投資家を納得させられるような中長期計画の立案など、コーポレート・ガバナンスの強化を含めたさまざまな施策を講じ、それぞれの業界での生き残りに躍起となっている。

ところが、どれほど有効なビジネスモデルを考案し、利益を最大化させる戦略や事業計画を策定しても、それを実行できるかどうかは従業員しだいである。しかも、ドッグイヤーといわれる昨今、すぐれたビジネスモデルであっても、それが有効に機能しつづけるという保証はない。最終的には、従業員が臨機応変に市場や顧客の変化に対応できるかどうかが、企業の成長や再生の鍵を握っているといっても過言ではない。

マーケットの動向や顧客ニーズの変化を敏感に察知し、プロダクト開発やプライシングに反映させる。新しい情報を早期にキャッチアップし、身に付けているスキルが陳腐化しないように努める――。こういった従業員の思考や行動こそが、市場での勝敗を分けるのである。

このように考えれば、「もっと顧客に貢献したい」「プロダクト開発に活かす情報を会社に提供したい」「競争相手に負けたくない」「自分を成長させたい」「希望する勤務地で働きたい」「働き方に選択肢が欲しい」といった従業員の〝ワークエンゲージメント〟を会社がいかに刺激し、労働生産性を向上させ、競争力を高めることができるか、というテーマに行き着くのである。

人口減少による将来的な働き手の不足と近年のコアスキル人材の不足により、日本の企業は人材活用のあり方について、新たな局面を迎えている。社内の人材を活用するだけでなく、外部の人材を活用して業務を効率化するという方法もあり、社内の定常業務をアウトソーシング（外部委託）する企業も増加している。

社内業務をアウトソーシングすることにより、自社で不足する労働力を補ったり、自社にはないスキルを外部の人材に代替してもらうことができ、結果として、質の高い成果を得る場合も少なくない。コアスキル人材の不足が深刻化している状況において、アウトソーシングはきわめて効果的な取り組みの一つといえるだろう。

海外におけるファシリティマネジメント

日本のファシリティマネジメントは、財務・品質・供給の３つの視点に立って、経営と連携しながらＰＤＣＡ（Plan〈計画〉→Do〈実行〉→Check〈評価〉→Action〈改善〉）のサイクルを回していくという、総合的かつ体系的なものとして整備されている。しかし、これはあくまでも日本独自のビジネススタイルに準拠したモデルであるため、グローバルモデルに無関心でよいというわけではない。世界のファシリティマネジメントやＣＲＥの現況、方法論に目を向けておくことも、意義のあることである。

前述したように、日本ではファシリティ業務（の一部）を経営企画部や管財部、総務部や厚生部などの従業員が担当しているケースが多く見受けられる。ファシリティ業務は人事異動の一環で回ってきた役割であり、次の異動によって、いずれは手離れしていく仕事であるといえる。

一方、グローバル企業におけるファシリティマネジャーは、「コーポレートサービス」や「ジェネラルサービス」という部門に所属し、プロとしての自覚と職能を有している。

たとえば、米国に本部を置くＩＦＭＡ（国際ファシリティマネジメント協会）が、アメリカとカナダのファシリティマネジャー約４０００名に実施した調査結果によると、彼らが修めた大学の専攻は「マネジメントやＭＢＡ系」が多く、不動産や建築、インテリア関係など「ハード・技術系」の出身者は、むしろ少数派であった。対する日本国内のファシリティマネジャーは、「ハード・技術系」の出身者が圧倒的に多く、かつ男性が過半数を占めている。

また、欧米のファシリティマネジャーは一般職種よりも平均収入が3割も高く、大変な人気職種である。このように、報酬面でもプロフェッショナルが育成される環境があり、ファシリティマネジメントを教える大学の数も豊富である。オランダでは、大学だけで9校、そのうちの5校に大学院が設けられている。

一方、日本では名古屋大学ファシリティマネジメント研究会（通称：名大ＦＭ研究会）など、わずかな教育機関があるばかりで、欧米と比較すると、プロを育てる人材育成の場は不足しているといわざるを得ない。

日本におけるファシリティマネジメント

公益社団法人日本ファシリティマネジメント協会（ＪＦＭＡ）が主催する「日本ファシリティマネジメント大賞（ＪＦＭＡ賞）」では、過去10年間で40社が「優秀ファシリティマネジメント賞」を受賞している。そのうち、営利企業は25社（62・5％）、官公庁は11社（27・5％）、学校・病院4社（10％）となっている。さらに、営利企業のすべてが大企業であった。

そのような結果から、「日本では高度なファシリティマネジメントが必要な対象団体は大企業の一部であり、それ以外の大企業や中堅企業・中小企業は、対象外またはファシリティマネジメントの一部分の活用で十分、あるいは一部分の活用しかできないのではないか」という仮説を立てることができる。

また、営利企業25社のうち15社（60％）は自社ビルを所有しており、官公庁や学校・病院はすべて自己所有なので、40社のうち30社（75％）は自社ビルという位置付けで考えることができる。

ここで、関連する面白いデータをご覧いただこう。

２０１３年のある調査【注1】では、東京本社の上場企業１７２０社のうち、本社が自社ビルの比率は25％、賃貸ビルの比率は75％であったという。業種ごとの特徴を見ていくと、自社ビルの割合が高い業種は「1位・食料品、2位・機械・電気製造、3位・建設」、逆に賃貸ビルの割合が高いのは「1位・情報通信、2位・サービス、3位・金融」となっている。

一概にはいえないが、製造業である第2次産業の業種は自社ビルを持ち、情報通信・サービス業である第3次産業の業種は賃貸ビルに入居するケースが目立つ。これは情報通信・サービス産業の市場の拡大により、企業規模が成長過程である場合、賃貸面積を増やすことで人員増などに柔軟に対応できるようにしているからと推定できる。

また、近年は製造業でさえ工場を持たないファブレス企業がビジネスモデルの主流となっているため、「持たざる経営」をめざすという企業側の意識の変化も考えられる。

そして昨今、大企業の自社ビル売却が活発となっているのも事実だろう。

表中の4企業は自社ビルを売却したうえで、売却先の大手不動産会社や大手不動産ファンドなどから元自社ビルを借りて、継続利用する「セールアンドリースバック」というスキームを採用している。自社ビルを売り（セール）に出して、借り戻す（リースバック）ことで、元自社ビルを継続して利用しつつ、手元資金を確保できるという手法である。

図表1-5　大企業の自社ビル売却の例

社名	売却年月	場所	ビル	売却先
日本たばこ産業	2020年10月	東京・虎ノ門	本社JTビル	住友不動産
エイベックス	2020年12月	東京・南青山	本社ビル	カナダ・大手不動産ファンド
リクルートホールディングス	2021年2月	東京・銀座	本社リクルートGINZA8ビル	ヒューリック
電通グループ	2021年9月	東京・汐留	本社ビル	ヒューリック等が出資するSPC

今後も継続して使うのなら、わざわざ売却して賃料を払うよりも、自社ビルとして賃料ゼロのまま管理運営したほうが合理的ではないのか、と考える方も少なくないだろう。

しかし、このスキームは経営上・会計上のメリットが多く、流動性の低い不動産を流動性の高い現金に換価することで、借入金がある場合はそれを返済して自己資本比率を高めたり、ＲＯＡ（総資産利益率）の向上が期待できたりするのである。

また、売却損が発生する場合には、他の利益と相殺することで、決算対応や節税効果も期待できる。さらに、売却で得た現金の運用が自社ビルの期待運用利回りを上回るかたちで活用できれば、ＲＯＥ（自己資本利益率）の改善効果も期待できる。

ただし、このスキームはこれまで資金が潤沢な場合には用いられないことが多かった。ところが、コロナ禍における「経営の効率化」と「資金繰りの確保」という観点から、これまでよりも柔軟かつスリムに経営したいと考える企業が「持たざる経営」を実践しはじめているのである。

ファシリティマネジメントから考えるＣＲＥ戦略

ファシリティマネジメント（ＦＭ）とＣＲＥマネジメントについては、ともに事業用不動産を扱う手法として、アメリカでは「運営維持のＦＭ」と「戦略策定・プロジェクト管理のＣＲＥ」のように業務分野が明確に分けられているが、日本ではその境界線は曖昧である。

１９８０年代初頭にアメリカで誕生したファシリティマネジメントという概念が日本に本格的にもたらされたのは、１９８７年、「日本ファシリティマネジメント協会（ＪＦＭＡ）」が創設されてからのことである。

その後、ＪＦＭＡは、１９９４年には「ＦＭガイドブック（標準書）」を出版して独自にＦＭの業務体系を整理し、１９９７年には認定ファシリティマネジャー資格試験を開始した。２００７年には、日本におけるファシリティマネジメントの普及・定着を図る目的で「ＪＦＭＡ　ＦＯＲＵＭ（日本ファシリティマネジメント大会）」を初めて開催している。

一方、ファシリティマネジメントが日本に紹介され始めたころ、ＣＲＥマネジメントの職能はまだ日本企業には存在しておらず、施設運営・維持管理を主とする米国型のＦＭ一本槍で、戦略性には欠けていた。

そこで、ファシリティマネジメントとＣＲＥマネジメントを統合し、戦略策定、プロジェクト立案から運営維持、評価までを包括した「ＰＤＣＡサイクル（ＦＭサイクル）」を回していくという、「日本的なＦＭモデル」が創造されたのである。そういう意味において、ＣＲＥマネジメントは、日本ではまさにＦＭの一部であるといえる。

ＣＲＥという言葉は、企業不動産（Corporate Real Estate）と訳されており、企業が事業を行うために保有している土地や建物を指す。事業に使う事務所や店舗、工場の他、福利厚生施設もＣＲＥに当たる。

ちなみに、ＣＲＥと対になる言葉がＰＲＥである。これは公的不動産と訳され、国・地方公共団体が保有する不動産を合理的に活用すべきだという考えから生まれた用語である。公共公益のために地方財政を運営するという視点から、遊休地や未利用の土地・建物の活用、非効率な不動産の使い方の再検討などを行う取り組みがＰＲＥ戦略と呼ばれている。

ＣＲＥ戦略の意味は、「経営戦略の一環として自社の企業不動産を活用すること」である。企業不動産を単に保有するだけでなく、戦略的に活用（購入、売却、投資）することで、企業全体としての価値を高めようというのが、その狙いである。

ＣＲＥ戦略は資産の最適化

不動産の戦略的活用とは、具体的にどういうことなのか。じつは、企業はＣＲＥ戦略を通して、不動産を本業で利用したり、売買や賃貸借をしたり、有望なオフィスビルや事業に投資したりして、利益を得ることはもちろん、さまざまなメリットを追求することができる。

ＣＲＥ戦略では、土地や建物を保有するだけではなく、それを有効活用（購入、売却、投資）することで、資産を最適化することをめざしている。最適化というと、抽象的でわかりづらくなるが、「投資家をはじめとする関係者からの評価や価値をよくすること」と言い換えてもいいだろう。

一つの具体例を挙げてみると、そもそもＣＲＥとは企業にとって最大の固定資産である。製造業で総資産の数十％、鉄道や電気・ガスなどのインフラ産業では50％近くを占め、その維持管理コストは、製造業で売上全体の３〜５％、インフラ産業では20〜30％を占めるとされている。これらを適切にコスト管理し、スリム化することは、利益や生産性向上、ひいては業績に大きく貢献することになる。

また、ＣＲＥのスリム化はＲＯＡやＲＯＥなどの経営指標を改善し、経営体質を強化する。

その他、ワークプレイスや福利厚生施設などでＣＲＥを上手に使うことは、従業員の満足度向上、企業内の活性化にもつながるだろう。

諸刃の剣となるＣＲＥ

ＣＲＥ戦略にかかわるスタンダードとなる考え方を示すことで、わが国のＣＲＥ戦略を活性化するために、国土交通省では「ＣＲＥ戦略を実践するためのガイドライン」を発表している。このガイドラインでは、不動産の取得から処分にいたるまでの適切な意思決定を行うマネジメントサイクルを次のように表している。

初めてＣＲＥ戦略を推進する場合は、まずはResearch（リサーチ）を実施し、自社の企業不動産のポートフォリオの全体像を的確に把握する。続いて、リサーチ結果をもとに、自社のニーズや経営戦略、状況に合わせてＣＲＥをポジショニングし、具体的な施策の計画、Planning（プランニング）を行う。そして、次のステップで具体的な施策を実行するPractice（プラクティス）へと進み、その効果を検証するReview（レビュー）を経て、現状評価や分析評価手法を見直すAct（改善）に取り組むのである。その後、再びプランニング→プラクティス→レビューのサイクルを循環させる。

不動産証券市場の創設によって不動産投資が拡大し、その流動化が進んだことで、規模の大きな上場企業だけでなく、非上場企業、中小企業など、多くの企業にとってもＣＲＥは大きな意味をもつものとなっている。ＣＲＥは、有効に活用すれば多大な利益につながる。その反面、ＣＲＥは取り扱いを誤ったり、怠ったりすると、不動産の下落など、損失を招いてしまうおそれもある。

また、ＣＲＥは建物や設備の設計や管理上の法令違反、すなわちコンプライアンスリスクや環境（土壌汚染、アスベスト）リスク、自然災害（地震及び風水害など）リスクなどをともなうことも忘れてはならない。

第2章

「B工事」の構造的な課題

コストを圧迫する元凶の正体とは何か

ビルオーナーへの向かい風

１９９０年代の平成バブル期以降、中小規模オフィスビルの新規供給は限定的であり、とくに２０００年以降は新築の大規模オフィスビル（延床面積３０００坪以上）供給量が急増し、東京23区の中小規模オフィスビル６０７万坪（47％）に対して、大規模オフィスビルが６８９万坪（53％）と、中小規模と大規模がほぼ同量となっている。

棟数ベースでは、中小規模オフィスビルが８５３８棟と、全体の92％を占めている。また、平均築年数はストック全体で31・6年、中小規模オフィスビルが32・3年、大規模オフィスビルが23・6年と、中小規模オフィスビルにおいて、とくにストックが高齢化している。

このような老朽化が進む中小規模オフィスビルは、修繕改修に必要な建築資材高に加えて、人手不足にともなう人件費高もあり、建築コストや運送コストは確実に上昇し、今後ますます維持管理コストの面で賃貸経営に苦戦を強いられることになるであろう。

こうした事情を背景として、世界中で広がった新型コロナウイルスの流行により、賃貸ビル事業を取り巻く状況は、過去に例のない速さで大きく変化している。また、日本経済の景気悪化と働き方の変化によりオフィス空室率は急上昇し、賃貸ビル市場の下降が懸念され、今後のビル経営に不安を抱くビルオーナーは少なくない。

次に、自社の賃貸ビル事業に影響のある社会情勢の変化について２０１９年の調査と比較したところ、全体的に２０２０年は２０１９年より低い傾向にあるが、「働く場所の変化（テレワークの普及）」と「働き方の変化（勤務時間・雇用形態）」においては、２０１９年から２０２０年にかけて増加しており、とくに「働く場所の変化（テレワークの普及）」は２倍以上の大幅な伸びとなった。これは、テレワークの浸透が賃貸ビル事業に大きな影響をもたらす、と考えているビルオーナーが多いということである。つまり、日本政府の働き方改革「推進」は、ビルオーナーにとってテナントの賃料減額要請や退去などにつながり、テナント収入面において不安材料なのである。

景気に山と谷があるように、テナント賃料やオフィス空室率にも同様に山と谷が存在する。景気の頂点を「山」と呼ぶが、そこにたどり着くまでのテナント賃料は上昇傾向にあり、オフィス空室率は下落傾向となる。その山を越えると景気は後退に転じる。一方、不景気の底を「谷」と呼ぶが、そこにたどり着くまでのテナント賃料は下落傾向にあり、オフィス空室率は上昇傾向となる。その谷底を打つと、再び景気は上昇局面に向かっていく。

図表2-1　今後の自社の賃貸ビル事業に影響のある社会情勢の変化（過去との比較）

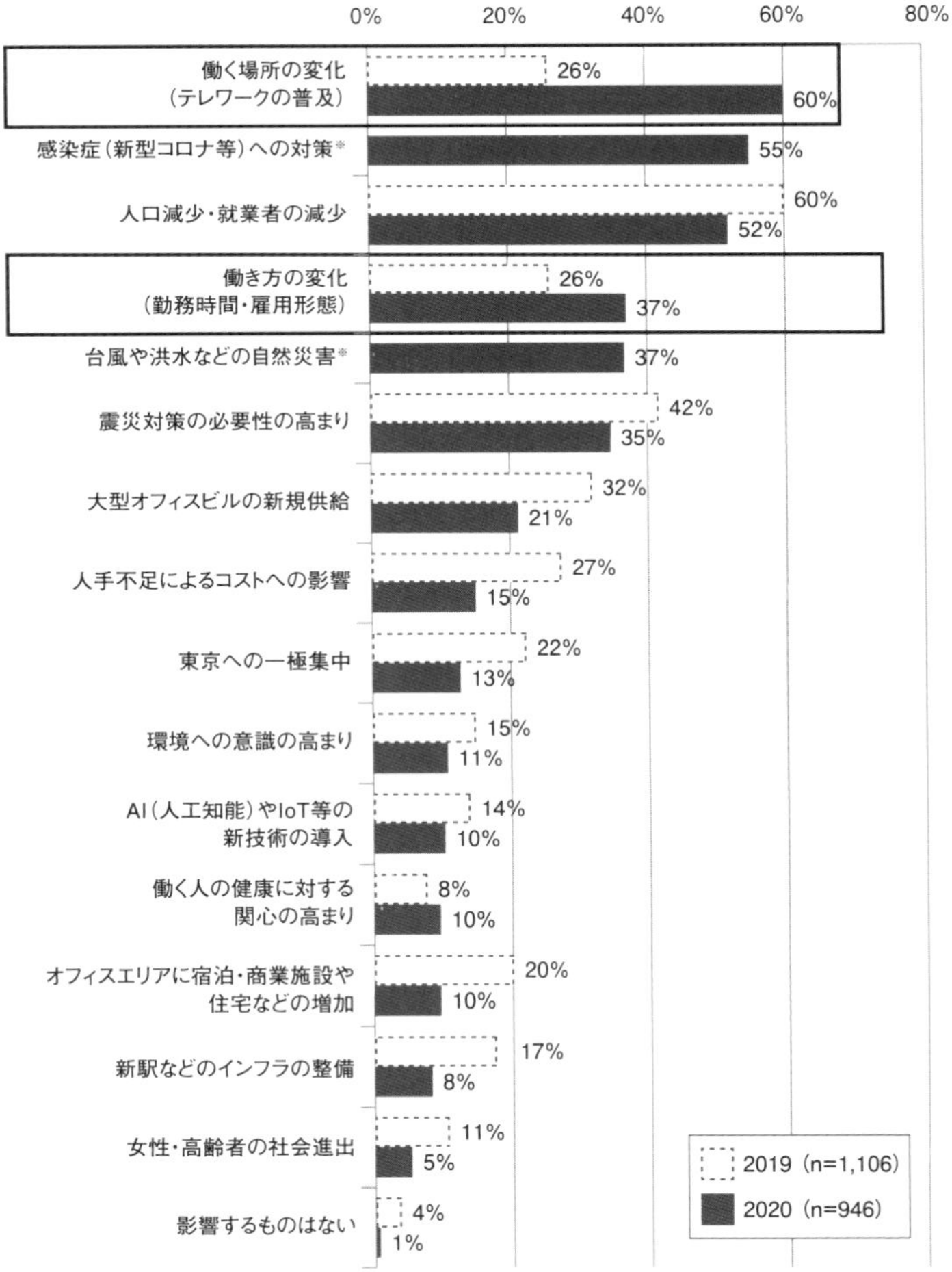

※：2019年調査では選択項目なし

出所：ザイマックス不動産総合研究所「ビルオーナーの実態調査2020」

テナント賃料とオフィス空室率は相関しているが、それぞれ適正な数値はどのくらいなのだろうか。これはオフィスの需要と供給の問題であるため、賃料は空室率によって変動することになる。

不動産業界では、一般的に適正なオフィス空室率は5％といわれている。空室率が5％になると、オフィス需給が均衡するのである。つまり、オフィス空室率が5％以上になるとテナントの力が強くなり過ぎ、賃料値下げなどの契約条件交渉がしやすくなる。逆に、5％未満になるとビルオーナーが強気の貸し手市場となり、賃料は上昇する傾向にある、というわけである。

2008年のリーマンショック前の「いざなみ景気」では、近代化されたオフィスビル市場において、最低水準となるオフィス空室率2・6％を記録した。これはビルオーナー側が強気の姿勢であった貸主有利の期間なので、平たく表現すると、ビルオーナーが非常に儲かった期間ともいえる。

リーマンショック後は、東日本大震災も重なって企業の動きが著しく鈍化し、2012年にはこれまた史上空前のオフィス空室率9・43％を記録して、高止まりが長引くことになった。その後、オフィス空室率が5％を下回ったのは2015年7月である。それまでは借主有利の期間なので、ビルオーナーが儲からなかった期間が長く続いたことになる。

図表2-2　東京ビジネス地区のオフィス空室率と平均賃料

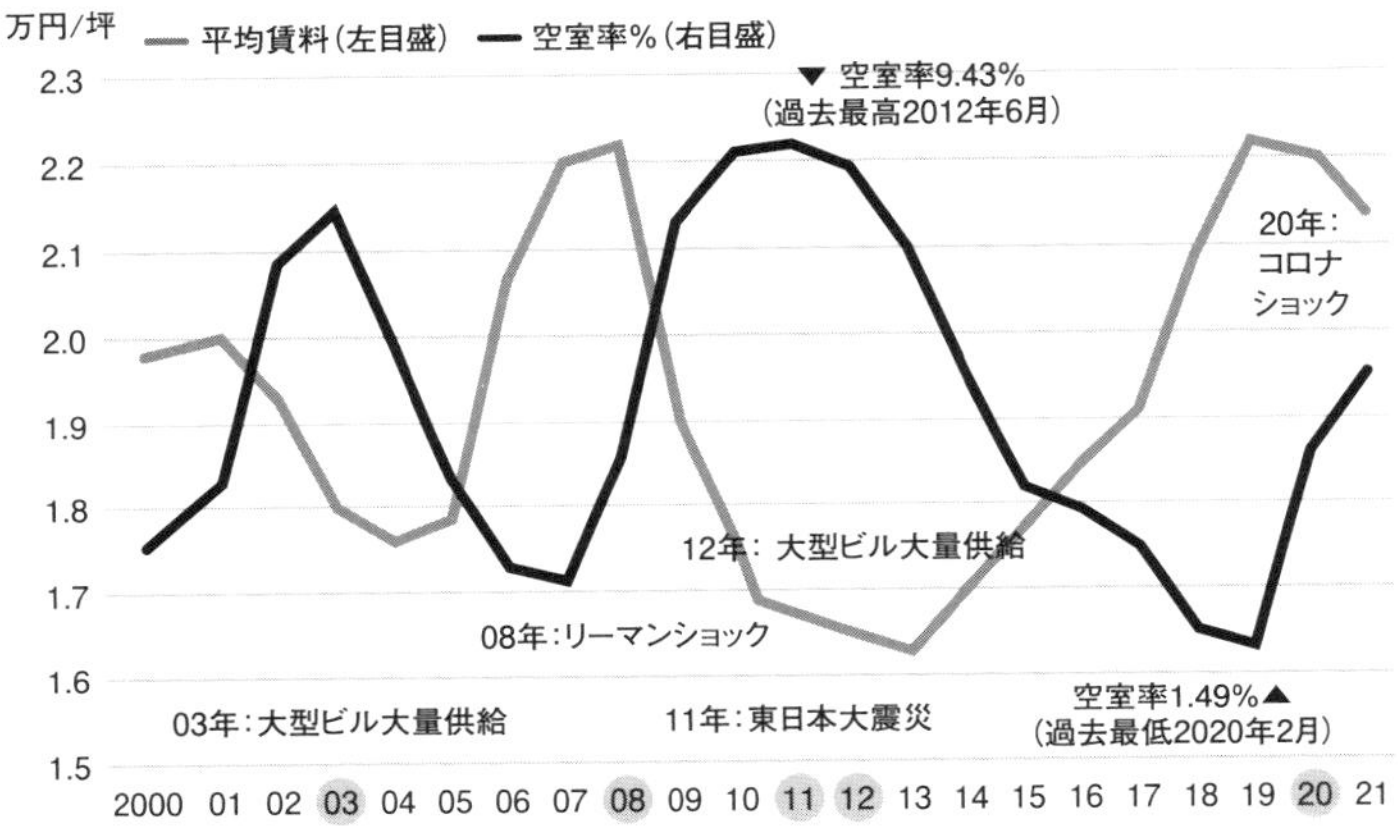

注：各年12月、2021年は4月の値
出所：三鬼商事株式会社「2020年 賃貸オフィスビル市場の動向について」

そして、コロナショック直前の２０２０年２月のオフィス空室率は１・49％となり、最低記録を更新した。

このように不動産業界には山と谷がある。高い空室率による賃料値下げに苦しめられていた期間が長ければ長いほど、ビルオーナーにとって貸主有利の期間は待ちに待った好機となって、値下げは実現しにくくなる。儲けられるときに儲けておきたい、と考えても無理はない。

ビル管理会社の正体

ビル管理とは、建築物管理やビルメンテナンスともいわれ、建築物を使用し、維持・管理するために、清掃・点検・修繕などの各種業務を行うこと、またはそれを請け負う事業のことである。

建築物の所有者（ビルオーナー）が直接雇用する場合は少なく、専門業者に委託して請け負わせることが多い。市場の約3割を官公庁物件が占め、約半分が東京に集中する都市型産業である。

戦前までは、大規模な建築物はほとんどなかったため、そのような建築物はビルオーナーが管理要員を直接雇用していたようである。戦後の1940年代後半に、GHQが丸の内エリアの建築物を数多く接収し、その清掃業務を日本人に組織的に行わせたことが始まりといわれる。その後、1968年にオープンした霞が関ビルを皮切りに、日本は東京を中心とした高層ビル建設ラッシュを迎えた。

1970年代に入ると、新宿新都心の開発が始まり、京王プラザホテルや新宿住友ビルが竣工した。また、池袋にはサンシャイン60が建設されるなど、ますます高層ビル建築が進んだ。やがて1980年代後半にはバブル景気に突入し、大都市の再開発プロジェクトが進むなかで、ビル管理業はさらに多様化して発展し、市場は拡大していく。

その後、1990年代以降は平成バブル崩壊によってさまざまな問題を抱えることになり、業界全体が低迷したが、「2003年問題」といわれる新築オフィスビルの大量供給により、高い耐震性能・最新の省エネ性能・最新のセキュリティシステムを兼ね備えたビルの竣工

図表2-3　ビル管理とファシリティマネジメントの違い

	従来のビル管理（施設管理）	ファシリティマネジメント（FM）
性　　質	ビル（施設）に限定した現場管理的	経営戦略的
目　　的	ビル（施設）の維持・保全	経営環境全体の最適化
対　　象	ビル（施設）	全固定資産
対象時点	保有ビル（施設）の現状	将来までのライフサイクル
関連知識	建築・不動産・設備機器	経営・財務・環境・心理・建築・不動産・人間工学
担当組織	総務・施設など	部門横断的

ラッシュを迎えた。

より高度な建築物となった最新鋭オフィスビルをマネジメントする主なビル管理会社は、大きく分けて、親会社のグループに属する系列会社とグループに属さない独立系とに分類できる。系列会社は、主に不動産系・ゼネコン系・メーカー系・金融系・商業系・鉄道系などがあり、なかには学校法人や福祉法人などの団体が関与している管理会社もある。

系列会社は、大企業の子会社である事業者が多く存在し、親会社が持つ信頼性・ブランドを活かしたり、スケールメリットを発揮し、品質面や技術面の得意分野を強みにして差別化している。また、グループ会社などの固定客を持ち、競争がなく請け負い価格も安定していることから、経営は比較的に安定している。対して、独立系事業者については、品質面や技術面は千差万別で差が激しく、特定の顧客を持たないことが多いため、価格競争の影響を受けやすく、市況の変化により経営の悪化を招きやすいとされる。ただし、最近では、系列会社でもグループ外の受注（請け負い契約）を推進しているため、独立系と同様に競争にさらされている。

ファシリティマネジメントは、従来のビル（施設）管理とは大きく異なる。単に、ビル（施設）の維持・保全を行うだけでなく、施設全体の価値を最大限に引き出すために知識や技術を結集させて、長期的な視野と計画性をもって取り組み、経営環境全体の最適化をめざすマネジメント業務である。

数を打っても当たらない

まずは、ビル仲介会社の仕組みについて解説しよう。

ビジネスモデルを一言で表現すると「成果報酬型の仲介手数料モデル」であり、賃貸借契約の締結にともない、借主である企業から契約したオフィス賃料の１カ月分（共益費は含まない）を仲介手数料として集金する。また、貸主であるビルオーナーからは業務委託手数料を集金するケースが多く、ビルオーナーとビル仲介会社の間には利害関係があり、物件によっては賃料の数カ月分の手数料を集金するケースから、まったく手数料が発生しないケースまで、両者の取り決めにはさまざまな形態がある。

住宅仲介会社との違いについても、少し触れておくことにしよう。ビジネスモデル自体はビル仲介会社と類似しているが、実際の借主である利用者側の立場になって使い方を考えると、じつは大きな違いがある。

住宅仲介の場合、その仲介会社が利用者側のニーズに合った物件情報を持っていなければ、他の仲介会社を探さなければならない。つまり、賃貸住宅を探す場合は、物件単位で探すという物件ベースの利用イメージになる。そのため、スーモやホームズのような賃貸住宅キュレーションサイトが、効率よく物件を探す手段として重宝されている。賃貸住宅においては、仲介会社しだいで契約条件が緩和されるようなケースは、ほとんどないといえるだろう。

一方、ビル仲介の場合、オフィス物件検索サイトを運営している仲介会社も少なくないが、基本的には仲介会社に要件を伝えて物件の紹介を受けるというスタイルとなる。このとき、各社で保有している物件情報の量自体には、あまり差はない。そのため、結果的には「サービスの質」の部分で提案内容が大きく変わってくる場合があり、仲介会社の見極めが重要となる。

好物件に出会いたいがために複数のビル仲介会社に依頼する企業もあるが、基本的には各社で保有している物件情報の量自体にはあまり差がない。ただし、ビル仲介会社の規模が大きければ営業担当者も多く、クライアントも多いので、解約が出される前の物件情報に出会う可能性はある。また、オーナーポジションのビル仲介会社であれば、保有しているビルのテナント情報をいち早く把握しているので、これまた解約が出される前の物件情報に出会えるかもしれない。

いずれにしても、複数のビル仲介会社に依頼しても収集できる物件情報の量はそう変わらず、むしろ担当者の業務が増えるだけで、効果は小さい。また、物件には賃貸借契約条件や工事区分の「確認・検証・交渉」を行っていかなければならないので、プロジェクトには交渉力や提案力が求められる。しかしながら、契約条件や工事区分の「確認・検証・交渉」の役割をビル仲介会社の担当者に求めてはならない。理由は後述するとして、この作業は次章で詳述する「ＷＥＯマネジメントサービス」の技法で行わなければ効果を発揮しないのである。

仲介会社選びは最も重要

オフィス移転検討の際、企業担当者はビル仲介会社に依頼し、候補物件の選定を行うことになる。企業側のニーズに合った物件情報が提供され、企業担当者は第1段階のスクリーニング作業を行い、精査したなかでおおむね希望条件に合致した物件が出てきたところで、仲介会社から「内覧（内見）」の提案がされる。内覧（内見）とは、実際に仲介会社の案内によりオフィスビル現地を見学することで、第2段階のスクリーニングといえる。

ここで重要なのは、本当にこの仲介会社の担当者に任せていいのかを見極めることである。これはと感じた物件が出てきたときには、もちろんいち早く内覧すべきではあるものの、契約は物件という「ハコ」だけで決まるわけではなく、諸条件で貸主側と借主側が合意しなければならない。つまり、オフィス物件の契約が締結されるまでには、ビルオーナーやビル管理会社との交渉が不可欠なのだ。

その交渉において、重要な役割を担うのが仲介会社の担当者である。交渉しだいでは、契約条件が緩和されるなど、オフィス移転の成否を分けることにもなるため、仲介会社の選定は重要である。

では、とりあえず内覧を優先して済ませ、交渉時には別の仲介会社を選定すればいいのかというと、必ずしもそうともいえない。貸主側にすれば、複数の窓口から同じ企業の情報がもたらされることになり、結果として条件交渉に支障をきたすおそれがあるのだ。

具体的に考えてみると、複数の仲介会社から同じ物件の情報を提供されるのは、もちろんかまわない。仲介会社Ａから提案された物件を仲介会社Ｂを通じて内覧しても問題はないが、仲介会社Ｂを通じて内覧した物件を再度、仲介会社Ｃを通じて内覧するのは問題があると考えたほうがいい。仲介会社Ｂの担当者の知識不足など、業者を変更する十分な理由がある場合は別だが、内覧後の仲介会社の変更については好条件の再提示は見込めないからである。

なぜ解約予告は６カ月前なのか

解約予告を６カ月前に行うのは、一般的に次のテナント誘致活動に要する妥当性のある期間としての商習慣である。では、貸主（ビルオーナーやビル管理会社）は解約予告日の何日前（または何カ月前）に契約更新にともなう条件提示をしてくるのだろうか。

じつは、これについては決まった定めがない。ということは、うがった見方をすれば、借主がＮＯと言えないのをわかったうえで、借主に不利となる条件を提示することも考えられる。

また、企業は個人のように「来週、引っ越します」というわけにはいかない。企業規模に相応の時間が必要となり、綿密なスケジュールにもとづいて進めていく必要がある。つまり、企業側は契約更新に際して用意周到でなければならず、不利益となる契約条件変更への対抗策や経営計画を鑑みたうえでのオフィス戦略は、事前に考えて選択肢の「見える化」をしておくことが好ましいのである。

すでにご承知のとおり、オフィスの入退去にかかわる工事には、誰が工事をして、誰が費用を負担するか、という工事区分が明確になっており、区分された工事は「A工事」「B工事」「C工事」と称される。それぞれの違いについて、図表2－4を見ていただきたい。

この工事区分は、同じ工事項目でも、ビルにより異なる場合がしばしばあるのだが、ここでとくに注意しておきたいのはB工事である。

そもそも、A工事とC工事については貸主（ビルオーナー）と借主（テナント）の双方に必要な工事に当たるので、それぞれが指定工事会社に発注し、費用を負担するのは当然であろう。しかしながら、B工事では、その工事が必要なのはテナントで、費用負担もテナントなのだが、実際に工事を行うのはビルオーナーが指定する業者なのである。つまり、テナントには指定された業者以外に選択肢がないのだ。

図表2-4　工事区分の違い

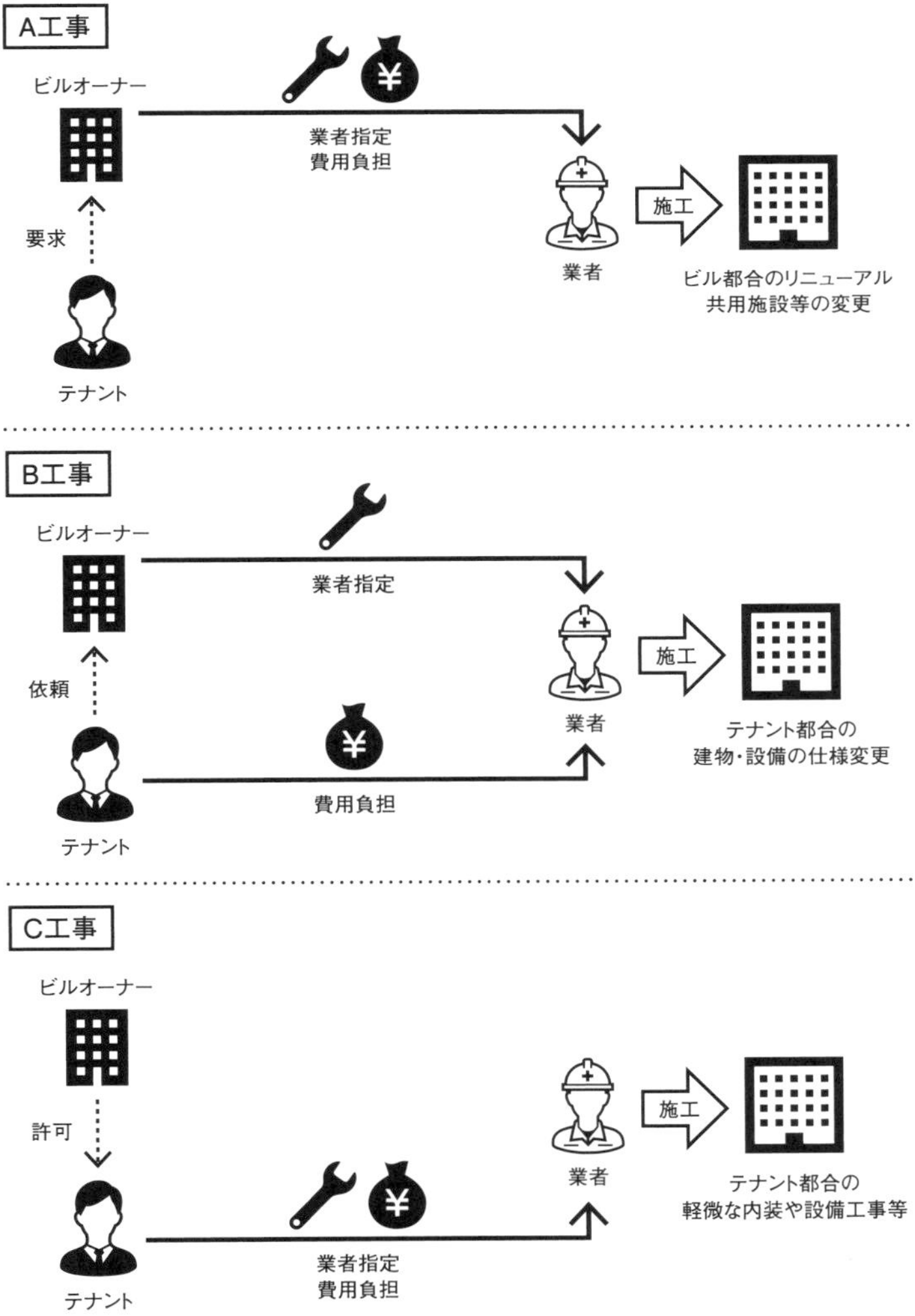

複数の業者を比較することができないため、Ｂ工事はコストが膨らみやすい。想定外に高額な見積もりを提示されるケースもあって、その上振れ分を吸収するため、他の予算の削減を余儀なくされる借主も少なくない。

なぜ「Ｂ工事」は単価が高いのか

テナント企業の多くは、Ｂ工事や原状回復工事を相場より高額だと感じているのではないだろうか。実際に高額になりがちなのだとしたら、それはなぜなのか。以下、詳しく検証してみよう。

そもそも、オフィスビルはＳ、Ａ、Ａマイナス、Ｂの４グレードに分けられており（延床面積２０００坪未満のオフィスビルは対象外）、グレード付けされているオフィスビルの工事区分はＢ工事の割合が多い傾向にある。その理由は、以下の３つである。

①貸主（ビルオーナー）側が、安心安全のために工事業者としてゼネコンや大手ビル管理会社、または大手ビルメンテナンス会社を指定している

実際のＢ工事では、オフィスビルの中央管理室を制御するため、ビル全体の施設運営に大きな影響を与える。これは貸主（ビルオーナー）にとって、資産価値や他テナントに対する信用に直結するデリケートな工事区分といえる。そのため、ビルオーナーは入居工事を担当する業者として、安心して任せることができるゼネコンや大手ビル管理会社、大手ビルメンテナンス会社を工事会社に指定する傾向がある。

ところが、指定された大手会社が工事を担当するわけではない。実際の工事は、その下請け業者や孫請け業者が請け負うのである。こうした重層的な下請け構造により、コストが雪だるま式に膨れ上がってしまう。

また、一般的な傾向として、大手会社は安心安全を重視するため、入念な仮設工事を実施したり、現場管理費や諸経費を手厚く盛り込みがちである。そうして万全を期することで事故やトラブルの多くは回避されるものの、どうしても高額になってしまうのである。

②設計デザイン会社や内装工事会社は減額交渉をしない、または消極的である

設計デザイン会社や内装工事会社が減額交渉に非協力的なことも、B工事が高額になりやすい理由のひとつである。

そもそも、設計デザイン会社も内装工事会社もビルオーナー側の利害関係者なので

あって、テナント側の利益のために積極的に協力する立場にはない。減額交渉に協力することでビルオーナーとの関係性に何らかの影響でも出てしまえば、以後、仕事を失いかねない。そういうリスクを覚悟してまで減額交渉に協力するはずはなく、結果としてB工事が高額になりがちなのである。こうした事情は、ビル仲介会社にもあてはまる。

③賃貸借契約の際、基本的に原状回復工事費用は借主（テナント企業）側の負担であり、その工事は貸主（ビルオーナー）側の指定する工事業者であると記載されている

グレード付きのオフィスビルに入居する場合、ほとんどの賃貸借契約で、借主は原状回復工事において業者を指定できないことになっている。テナント企業側にとっては不利な条件だが、それが法律的にも認められているのは、ビルオーナー側には次に入居するテナント企業にも安心・安全・快適を提供する義務があるからだ。もし工事に手抜きでもあれば、何らかのトラブルにもつながりかねない。さらに、資産価値が低下するおそれもある。ビルの品質保持という観点からすれば、ビルオーナーに指定業者の選定を認めることには合理的な理由があるのである。

　ただし、その反面、付加価値のつけにくい原状回復工事であっても、業者間での競争原理が働かない。そのため、最終的に高額になってしまう傾向がある。

これらの問題は、次章で述べるＷＥＯマネジメントサービスを導入することで解決できるだろう。その条件として、物件選定中に賃貸借契約条件や工事区分の「確認・検証・交渉」を行っていく必要がある。ＷＥＯマネジメントがどれほど効果的でも、物件の契約が終わった段階では、どうすることもできない。

コストはコントロールできる

ＷＥＯマネジメントにおける総コストの考え方は、資産運用の考え方と似ている。資産運用の王道とされる「長期・積立・分散」は、まさに限られた予算を上手にコントロールするという考え方である。

ＷＥＯマネジメントでは、プロジェクトにかかる全体のコストに対して、項目内容や数量のチェック、その精査を行うだけでなく、ビル管理会社との間で工事区分や金額の「確認・検証・交渉」を行う。さらに、オフィス家具や間仕切りなど、設備や什器を手配する会社に対してコンペを開催するなど、不要なコストを徹底的に排除し、あらかじめ決められた予算内で最適なコスト配分を実現するためのプロジェクトマネジメント業務の役割を担っている。

図表2-5　WEOマネジメントのコストコントロール手法

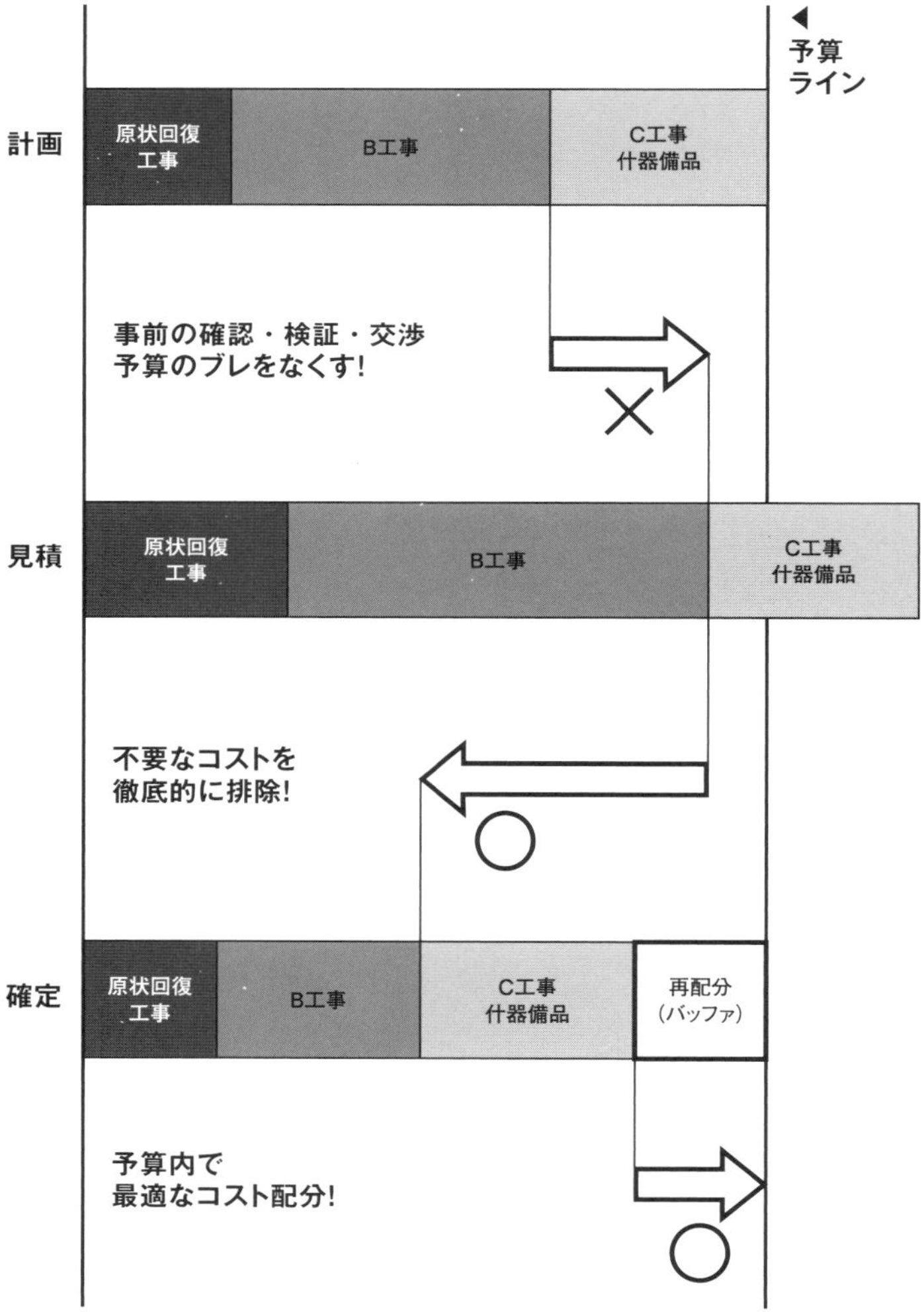

それは、具体的に設定された目標予算に対して、不明瞭な項目を洗い出すことで、想定される総コストに一歩ずつ近づいていく過程を「見える化」する作業ともいえる。ワークプレイス計画や設計内容に対するコストをリアルタイムで監視することで、予算にブレのないコスト管理を可能にしているのだ。

賃料だけではない！　ランニングコストも見落とすな

オフィスの移転を考える際、引っ越し費用や入居工事費用、新規に整える什器備品の購入費用、さらには原状回復工事費用まで、一時的なイニシャルコストのインパクトは大きい。また、継続的なコストとして賃料にばかり目を向けがちだが、光熱費などのランニングコストへの配慮を見落としてはいけない。たとえば、移転先の空調設備（エアコン）がどのような方式なのかを確認したうえで物件を選定しなければ、入居後、光熱費の負担が増えるケースもある。

空調設備は、各室単位でＯＮ／ＯＦＦの切り替えや温度調節が可能な「個別空調」と、各室での設定ができない「セントラル空調」に大別される。一般的に、グレード付きのオフィスビルでは後者が採用されることが多い。各室の使用状況に関係なく空調が働くため不経済

図表2-6　ワークプレイス構築にかかる費用項目

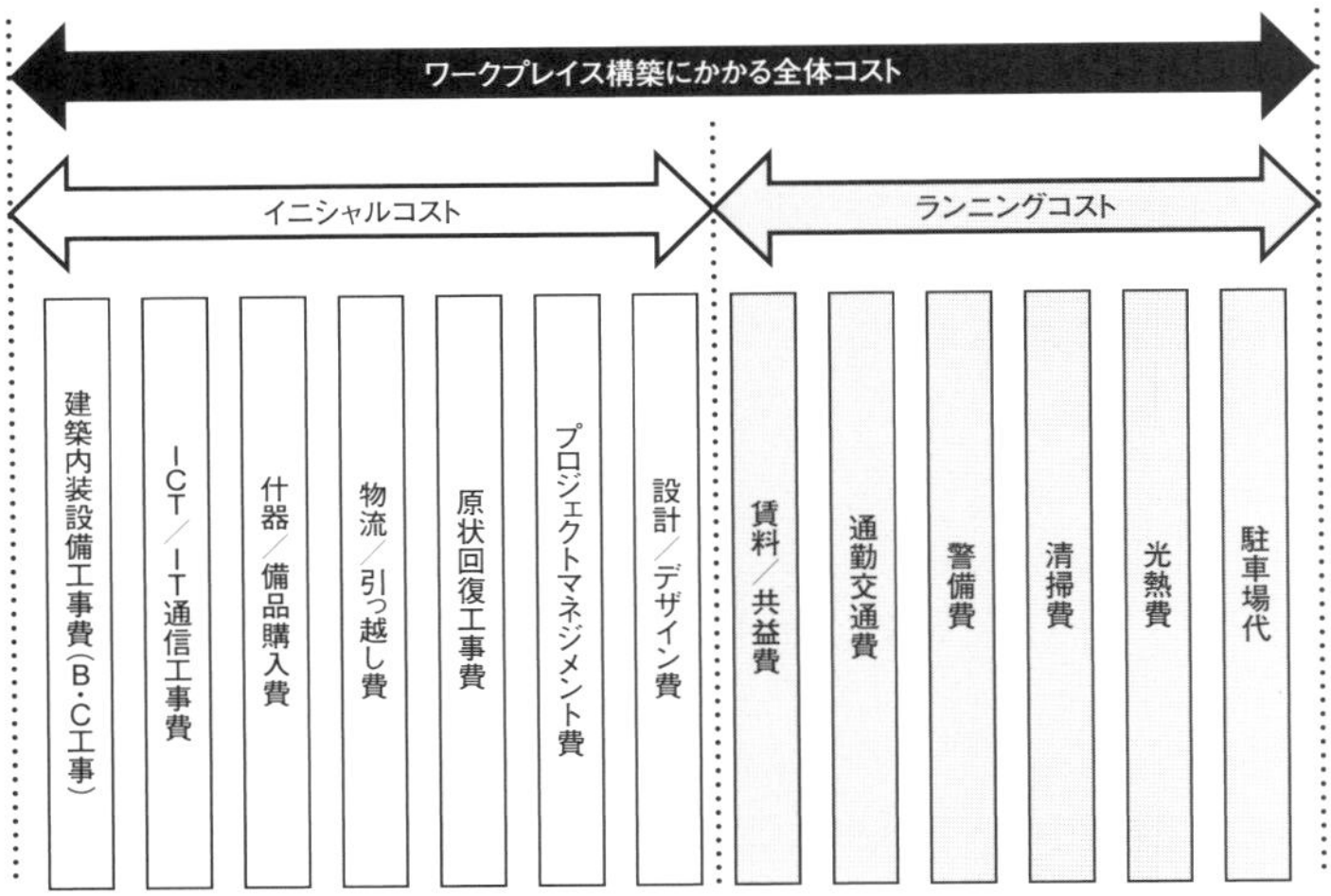

のようだが、通常、コアタイムについては光熱費が共益費に含まれているため、本来、不必要なコストを負担することはない。

ただし、コアタイム外に空調を稼働させる場合は別途、運転料金が必要になるケースが多い。加えて、その費用が割高に設定される場合も少なくないため、残業や休日出勤が多い企業には不向きである。

そうした企業には、築浅のオフィスビルのほうが適しているだろう。最新鋭の空調システムが導入されているため、執務ゾーンごとに空調の切り替えが可能で、消費電力の節減につながるからだ。また、旧式のセントラル空調ではコアタイム外の利用を1時間単位で設定しなければならない場合が多いが、最新鋭の空調システムでは1分単位で調整することができる。そうした細かな点にも目配りしなければ、真のコスト管理とはいえない。

ランニングコストと同様、見落とされがちなのが、オフィスワーカーの「通勤コスト」と「通勤時間」である。

ＷＥＯマネジメントでは、必要に応じて、移転前と移転後における交通費負担額や通勤時間の変化を比較する。財務上の影響はもちろん、働く環境への配慮という意味でも、賃料以外のランニングコストとしての交通費や通勤時間は、忘れてはならない要素の一つである。

第3章

WEO戦略ストーリー

- WEOマネジメントによる働く環境の最適化
- WEOマネジメントによる不動産マーケティング
- ケーススタディ

ＷＥＯマネジメントが目指すもの

先に述べたように、ＦＭ戦略が自社の不動産を活用した「経営環境全体の最適化」をめざすものであるのに対して、ＣＲＥ戦略は「自社の不動産を活用した企業価値の最適化」である。これらに対し、わが社の提供するＷＥＯ戦略は、「賃貸オフィスを活用した働く環境の最適化」をめざしている。

そのための新しいファシリティマネジメント技法が、ここで紹介する「ＷＥＯ（Working Environment Optimization＝働く環境の最適化）マネジメントサービス」である。ＷＥＯマネジメントは、「企業のオフィス戦略」と「企業の財務戦略」をつなぐ汎用性の高い日本型ファシリティマネジメントと定義できる。

図表３－１にもあるように、企業ニーズとしては圧倒的にＷＥＯ戦略が必要とされていることがわかる。

ＷＥＯマネジメントは、企業のオフィス戦略を経営戦略の一環としてとらえ、経営者に対して判断材料をもれなく提供し、その最終的な意思決定にいたるまで、クライアントに寄り添うスタイルを基本としている。フィーは完全成功報酬型で、成果に結びついた分しかいた

図表3-1　WEOマネジメントの戦略フィールド

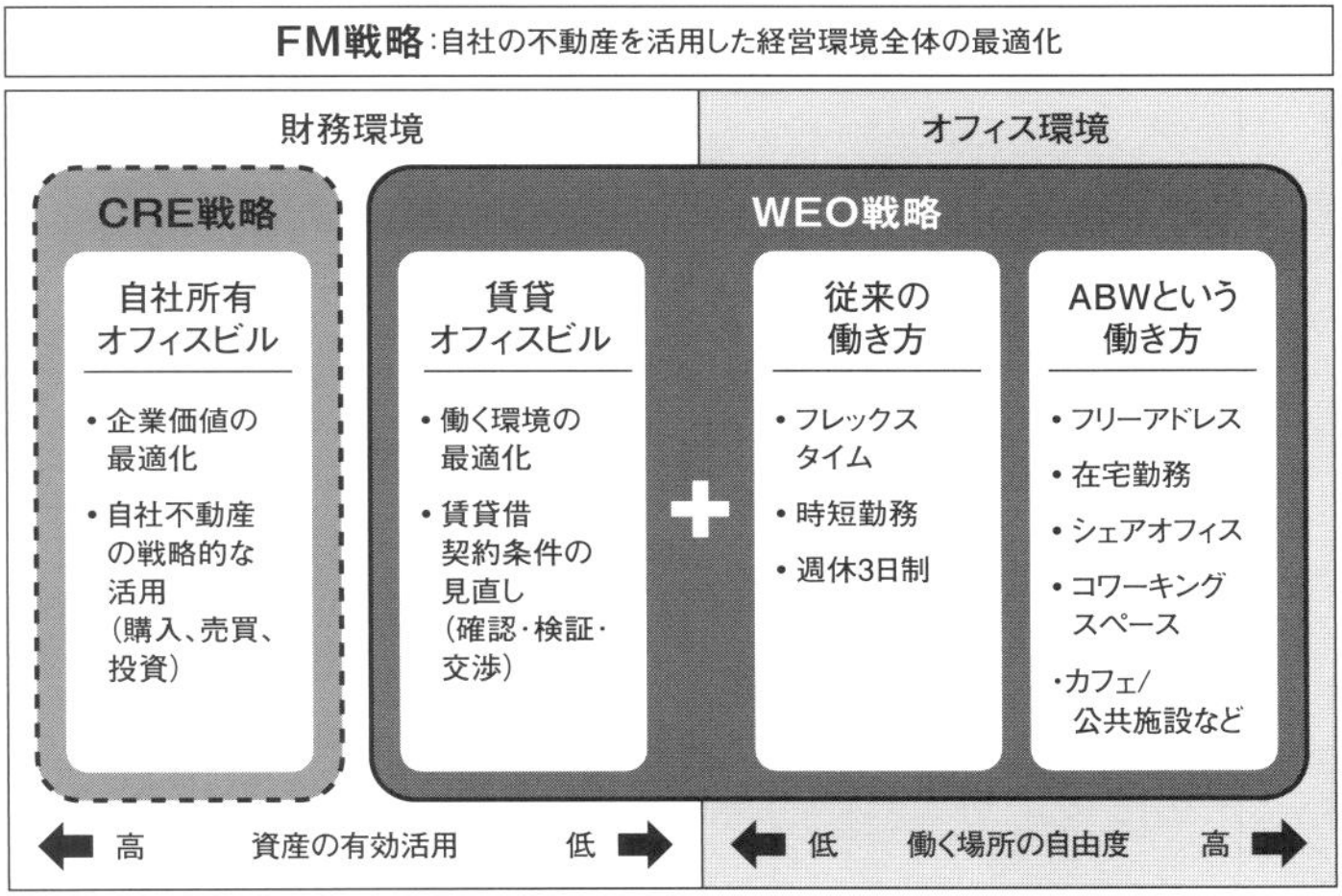

だいていない。

　そもそも、オフィスを移転すべきかどうかは何を基準に判断すればいいのだろうか。

　たとえば、成長期にあるベンチャー企業でオフィスが手狭になるたび、より大きなオフィスへの移転を繰り返す例がある。逆に、人員が減ったことで小さなオフィスへ移る企業もあるが、オフィスとは人員の増減に応じて変えるべき「ハコ」にすぎないのだろうか。

　あるいは、ビルオーナーや管理会社から賃料の値上げを要請され、折り合いがつかずに移転する、というケースもあるだろう。社内のムードを一変させようとして移転する会社もあれば、単にステータスを得るため高級オフィス街をめざす会社もあるに違いない。だが、そうした動機で移転を検討することが、はたして企業の成長や従業員の幸福につながるのか。

また、移転を検討する企業の多くがビル仲介会社に相談をもちこみ、結果として移転プロジェクトのパートナーに据えてしまうという構図は、ファシリティマネジメントという考え方が生まれる前から脈々と続いてきた慣行といえる。もちろん、それが間違いであるとは言い切れないが、コーポレート・ガバナンスの視点から期待されるファシリティマネジメントの4つの効果

①コスト最小化
②エフェクト最大化
③フレキシビリティの高さ
④企業の社会的責任に対応

と照らし合わせたとき、必ずしもそれがベストとはいえないだろう。一方、WEOマネジメントは、それら4つの効果を最大化させる基幹技術コンサルティングである。

オフィス空間はこう変わる

近年、オフィスビルは大きく変化している。なかでも、東京都心の再開発エリアを中心として、中小規模のオフィスビルが淘汰される傾向にあり、オフィスビルの大型化が顕著である。大型オフィスビルが増えたことで、かつては中小規模のオフィスビルで複数フロアを賃貸借していたテナント企業が、大型オフィスビルの1フロアに集約されるケースが目につくようになった。

また、新しいオフィスビルでは柱がない「無柱空間」が増え、窓面がフラットになるためレイアウト効率が向上している。

さらに、天井の高さにも変化がみられる。労働者1人当たりの「気積」を10立米（m^3）以上確保することが「事務所衛生基準規則」で決められているため、築浅のオフィスでは天井が高くなったのだ。床面積×天井高の計算式で求められる気積は、いわばオフィス内の空気の総量である。気積への配慮は一種のCO_2問題ともいわれ、コストを削減するため省スペースを追求するあまり、働く環境が悪化することを防いでいる。

一方、オフィスレイアウトについても、近年、変化がみられる。オープン型のミーティングが増えたことで、大きな会議室の需要が減りつつあるのだ。近ごろでは大型の会議室をなくしてしまう会社もあらわれ、必要に応じて貸会議室を利用する会社も少なくない。会議室のアウトソーシング化といっていいだろう。そうしたニーズを反映し、東京都心では貸会議室がテナントとして入居する大型のオフィスビルが少なくない。

また、情報のデータ化が進んだことにより、紙ベースで文書を保管する必要性が低くなって、収納スペースが縮小している。同様に、従来、文具やコピー用紙を大量に保管していた倉庫スペースも小さくなり、喫煙スペースを設ける会社も減っている。

そして、じつはオフィスワーカーのパーソナルな執務空間であるデスクのサイズも小さくなっている。かつてのデスクトップ型のパソコンがノートパソコンへと置き換わったことで、デスク自体のコンパクト化が進んでいるのである。また、モバイルデバイスの普及によってフリーアドレス化が容易になり、オフィスそのものの概念が変わりつつある。いつでも、どこでも、誰とでも仕事ができる時代の到来に対応し、大企業を中心に、今こそとばかりに働く環境を全般的に見直す動きがみられる。

働き方の変化に適したオフィス環境

オフィス空間の変化とともに、オフィスワーカーの働き方そのものも、時代に応じて変化してきた。現在は、いわゆる「ニューノーマル」にふさわしい働き方が模索されている。

２０００年あたりのころまで、日本の企業に勤めるサラリーマンの朝はタイムカードに出社時刻を打刻することから始まっていた。仕事は島型デスクレイアウトの自席で固定され、共用の固定電話やワープロを使い、大きなコピー機やファクシミリが所狭しと配置されていた。

現在は、時間ではなく成果で仕事を管理する企業も多くなり、フリーアドレスを導入する企業も少なくない。情報データはサーバではなくクラウドで管理され、モバイルデバイスやＩＴ通信サービスの進化により、テレワークを実施する企業も増えてきた。職場は会社に固定されず、自宅やカフェ、シェアオフィス、ホテル、カラオケボックスといった「サードプレイス」で行うというスタイルが、決してめずらしい光景ではなくなってきた。

では、近未来にはどのような光景がみられるのだろうか。

おそらく、人工知能（ＡＩ）とロボットが融合され、それがクラウドにつながれるのだろう。人間よりスピーディーで、24時間、３６５日働いても疲れを知らないスマートロボットが、社会のあらゆる場所で活躍する時代がくる。自宅やオフィスでロボットがさまざまな役割をはたすようになると、コミュニケーションのあり方も変わっていくだろう。テレワークが定着し、単純作業の多くをロボットが担ってくれる時代がきたとき、私たち人間がやるべき仕事とは何なのか。人間同士の心のふれあいが、これまで以上に求められるのではないだろうか。

企業がはらむ〝関係性〟という課題

企業をはじめ、何らかの組織を有機的に機能させようとするとき、私たちはまずヒトに着目する。ヒトの個人的な能力を高めることにより、その集合体である組織のレベルアップをはかるのである。だが、それだけでは不十分だ。優秀な人材ばかりが集まれば、組織としても機能するだろうか。

組織において大事なのは、個人の能力もさることながら、個人と個人をつなぐ「関係性」である。そのことは、組織におけるトラブルの多くが、個人の能力ではなく、個人間や部門間におけるコミュニケーションの不足に起因することからも明らかだろう。営業部と開発部

図表3-2　コミュニケーション・チャネル

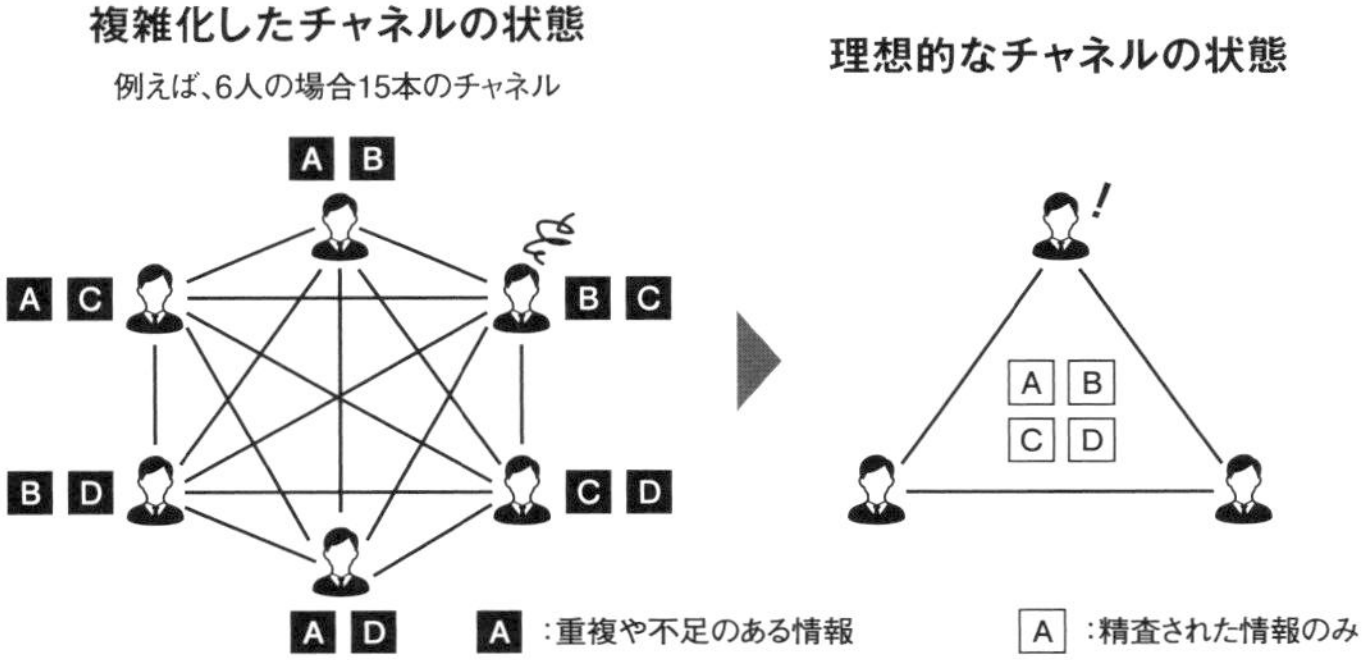

の対立や管理職と部下の連絡ミス、本社と支店の不信など、たいていの問題は「間」で起きる。つまり、関係性の不備がトラブルを招くのである。

ＷＥＯマネジメントでは、10人のプロジェクトチームは「10人の集まり」ではなく、「45本の関係性があるチーム」ととらえる。そして、この関係性、つまり人と人を結ぶ線をコミュニケーション・チャネルと呼ぶ。10人それぞれを結ぶコミュニケーション・チャネルは、人数が増えれば増えるほど加速度的に増加し、関係性は複雑化する。

たとえば、2人ならコミュニケーション・チャネルは1本である。それが4人になると6本に、10人のチームには45本になる（コミュニケーション・チャネル数＝人数×（人数－1）÷2）。仮に100人のチームの場合、数学的帰納法では実に4950本にものぼることになる。

したがって、ファシリティマネジメントチームの人数が増えれば増えるほど最初の要件定義は崩れていき、情報の乱立が起こってくる。それにより、統一性がなくなったことに気づいて再度の打ち合わせで要件変更の再設定が繰り返し行われると、それだけで物件情報は膨大な数になり、それらを収集して精査していくのに多くの時間を費やすことになるのだ。

「チャネルの増大＝組織内の複雑性増大」と考えれば、必然的に人数の増加による複雑性の縮減を目的に、チャネル数の圧縮を行わなければならない。そこで、コミュニケーション・チャネルは、たとえばＣＥＯ（最高経営責任者）とＣＦＯ（最高財務責任者）と担当役員の３人といったように最小限にするのが好ましい。それが、「関係性の視点」によるＷＥＯマネジメントの主眼であり特長である。

ＷＥＯマネジメントによるポジショニング効果

ＷＥＯマネジメントでは、ファシリティの改善と企業文化の醸成という２つの視点でマネジメントし、不動産の物件選定と契約条件の「確認・検証・交渉」を同時進行することを基本としている。

厳密にいうと、まずは簡易オフィス診断を行うため、現在の賃貸借契約条件を整理し、Ｎ

図表3-3　WEOマネジメントのポジショニング戦略

	委託業務	他社				**WEOマネジメント**
		ビル仲介会社	ビルオーナー	PM専門会社	内装デザイン会社	
フェーズ1（シナリオ検討期間）	現況分析	×	×	○	△	**○**
	適正面積検証	×	×	○	△	**○**
	物件探し	○	△ 所有物件のみ	×	×	**○ 仲介ハンドリング**
	契約条件交渉	△ ビルオーナー目線	× 自社利益を追求	×	×	**○ テナント目線**
	工事区分交渉	×	×	△ 契約後の交渉のため限定的	×	**○ 契約前交渉が可能**
	レイアウト比較検討	×	×	△ 契約後の検討のため限定的	△ 契約後の検討のため限定的	**○ 契約条件の検討と働く環境の検討を同時に実施**
	シナリオ作成(経営判断材料)	移転のみ	移転のみ	×	×	**移転・サテライトオフィス開設 残留（増床・返却・レイアウト変更等）**
フェーズ2（シナリオ決定後）	PM業務	×	×	△ スケジュール優先のマネジメントになりがち	×	**○ 事前検討により入札・設計施工にスムーズに移行**
	工事コストのコントロール	×	×	△ 主にC工事入札（B工事査定は限定的）	×	**○ B/C工事のトータルコストコントロール**
	デザイン・内装工事	×	×	△ 専門業者ハンドリング	○	**○ ワンストップサービス**
	アフターフォロー	×	×	△ 竣工後1年間以降は総務にて自己管理が必要	△ 竣工後1年間以降は総務にて自己管理が必要	**○ 総務代行カスタマーサポート**

ＤＡ（秘密保持契約）締結後に提供された図面や資料などから現オフィスの使用状況の分析と適正面積の診断を行う。また、不動産市況との比較から想定される仮説シナリオを作成し、働く環境や働き方のトレンド、相場についてのコメントも提供する。

そうした一連の作業を経ることで、ＷＥＯマネジメントでは経営的な視点から期待されるファシリティマネジメントの４つの効果（①コストの最小化・②エフェクト最大化・③フレキシビリティの高さ・④企業の社会的責任に対応）を最大化させているのである。

これらの効果を発揮できるのは、「ＷＥＯマネジメント」のポジショニング戦略が他社サービスと比べて優れているからである。

投資効果の最大化

働き方改革によりオフィスワーカーの働き方が多様化するなか、働く環境の見直しが重要な経営課題であることはいうまでもない。ワークプレイスを計画的に改善し、より快適・機能的・効率的に利用することで、結果として、コストパフォーマンス（費用対効果）とエンゲージメント（経営層・従業員、双方向の愛着心）が向上するのである。

働く環境の見直しにおいて、オフィス移転を選択肢として考えた場合、まずビル仲介会社から物件情報を収集する、という企業は少なくない。しかし、このような考え方の企業には、移転を決断する過程で、本当にそれが適切な選択であるかどうかを綿密に分析していないケースが見受けられる。というのも、収集した物件情報を比較、検討することが、すなわち働く環境の見直しにつながるという誤解がひそんでいるからだ。そこには「移転しない」という選択肢が、すっぽりと抜け落ちている。

そもそも、移転を前提とするなかでは、本当に意味のある労働環境の見直しなどできないだろう。ところが、その手はじめに物件情報の収集を位置付けている時点で、すでに移転が前提となっている。ビル仲介会社の提案に「移転しない」という選択肢はないからだ。仲介業が一種の手数料ビジネスである以上、ビル仲介会社としては、とにかくオフィスの移転を実現しなければならないのである。

したがって、WEOマネジメントが移転の妥当性を検証するための現状分析を行うのに対して、そもそも「移転しない」という選択肢をもたないビル仲介会社がコンサルティングを行うことはない。物件を比較して、どの物件がふさわしいかというコンサルティングならできるかもしれないが、ビジネスモデルの制約上、移転の妥当性そのものを検証することはできないのである。

図表3-4 「WEOマネジメント」が想定するスケジュール

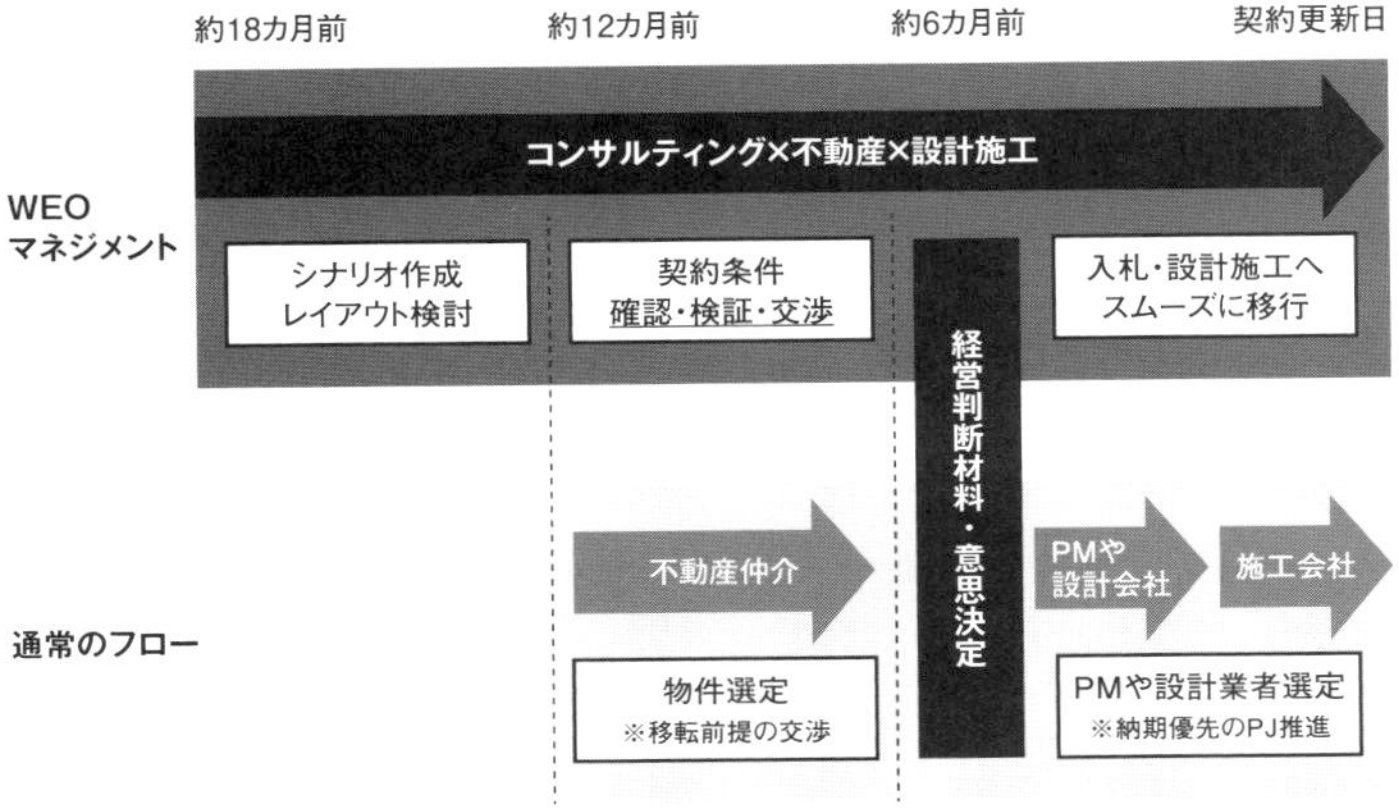

基本的に、WEOマネジメントはビルオーナー側ではなく、テナント側のイコールパートナーとしての視点からコンサルティングを行う。クライアントの現状を正確に把握し、中長期の事業計画や不動産ニーズをふまえたうえで、働く環境の最適化を実現するための計画を立案するのが目的である。つまり、オフィス環境に関する投資効果の最大化に貢献することが、WEOマネジメントの役割といえる。

そのため、クライアントに最もふさわしい物件(現オフィスを含む)の選定はもちろん、ビルオーナー側との協議においては、最良の契約条件を獲得するために適切なサポートを提供し、ときには利害関係の衝突を防ぐ役割も担う。

クライアントの企業価値を左右しかねない重要な役割を担うだけに、WEOマネジメントでは現オフィスの賃貸借契約更新日を基準として、その18カ月前を目安にシミュレーションに着手するスケジュールを推奨している。解約予告日である6カ月前の段階では、すでに意思決定が完了している、という意味である。

もちろん、物件規模に応じて必要な期間は多少変わるが、着手が早すぎると物件情報が不正確になるおそれがあり、逆に遅すぎると契約条件や工事区分の「確認・検証・交渉」にかける時間がなくなって、WEOマネジメントによる効果を下げる可能性がある。そうした意味で、18カ月前という目安には留意していただきたい。

WEOマネジメントによる不動産マーケティング

人間は成長に合わせて洋服や靴のサイズを変えていく。また、必要なユニフォームは仕事の職種によって異なる。そのように、オフィスという空間自体も企業の成長や戦略に合わせて、大きさだけでなく、立地やグレード、かたち、機能、デザインを総合的に考慮して、適正な変化を加えていくことが求められるのではないだろうか。これは、内部環境適応問題の解決にも重要な考え方となってくる。

その考え方に基づき、WEOマネジメントではクライアント企業の業績や財務状況、事業計画などから、置かれた状況をよく理解することを徹底している。

業績はどうなのか、今後3年の人員は増やす計画なのか、減らすことがあるのか、それは実際にどの程度の人数なのか。優先課題は賃料などのランニングコストを下げることなのか、立地戦略やビルのグレードを優先し、コストは現状維持もしくは上がってもやむなしとするのか、などを丹念にお聞きする。財務状況をふまえたオフィス戦略やブランディング戦略を詳細にお答えいただくことで、それぞれの会社に合った不動産マーケティングを行うことが可能になる。

多くのデータを活用し、クライアントごとに異なる、働く環境に対する考え方やニーズに当てはめて戦略を策定していくことで、クライアントが抱いている働く環境の概念を超越した「今までにない新たな価値や選択肢」を生みだしている。

WEOマネジメントは、不動産売買でよく使われる専任媒介契約のもとで行うことでその効果が発揮されるため、基本契約には複数の仲介会社に依頼せず専任契約としていただく旨が盛り込まれている。当社自身で候補物件について取りまとめるもので、いわばテナントレップ契約ともいえるだろう。

そのプロジェクトは以下のプロセスをたどる（①〜⑧の番号は図表3－6内の※に対応）。

①クライアントのオフィス環境の課題を徹底的にお聞きする

図表3-5　「WEOマネジメント」体制関係図

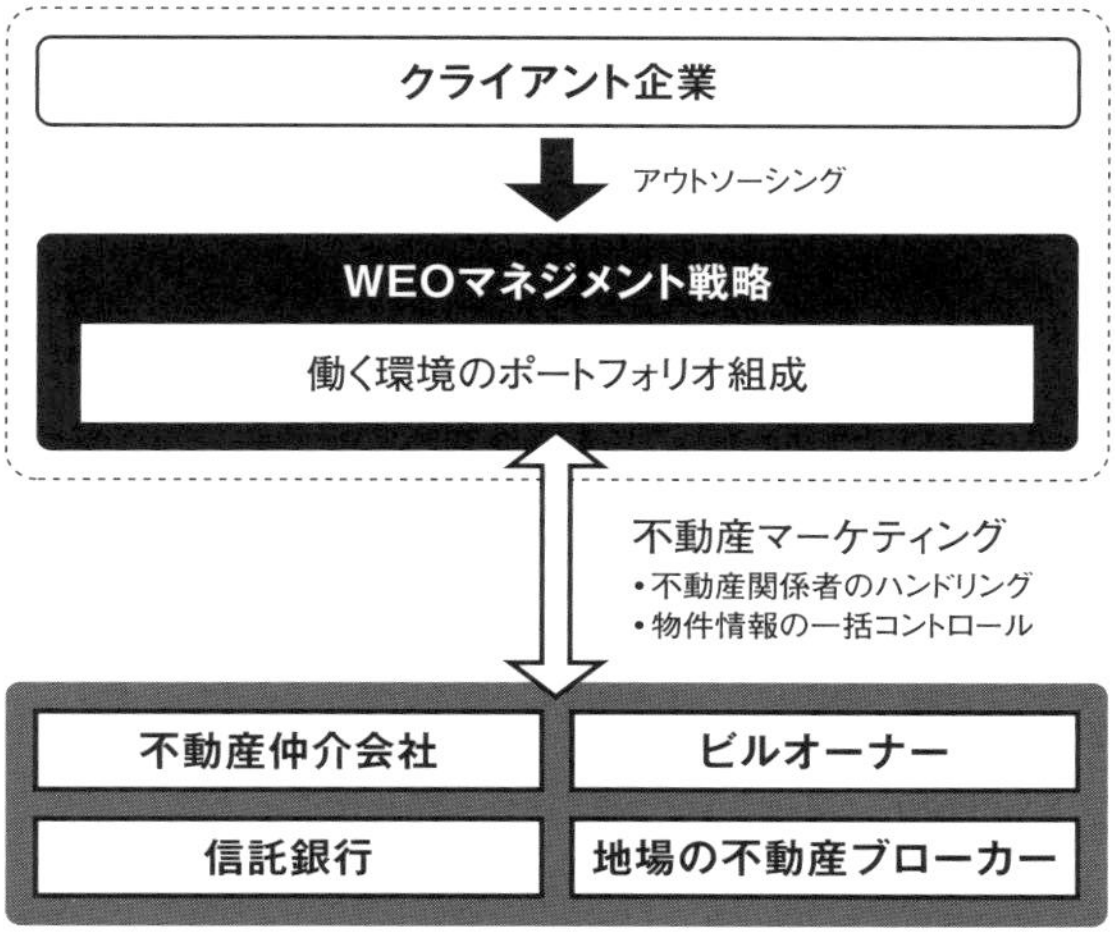

②機密保持契約を締結したうえで、ファシリティや現契約に関する情報開示をしていただく

③オフィス診断「レビュー」に基づき、今後の選択肢についてクライアントと一緒に検討する

④WEOマネジメント契約に向け、クライアントに納得いただけるまで内容を詳しく説明し、契約締結後は実行に向けて各種スケジュールの調整をする

⑤今後の働き方や人員計画についての「リサーチ」を通じて、クライアントのビジョンや事業計画について理解を深めることで、働く環境のポートフォリオの全体像を的確に把握する

⑥リサーチ結果をもとに、クライアント

図表3-6　WEOマネジメントサービスの流れ

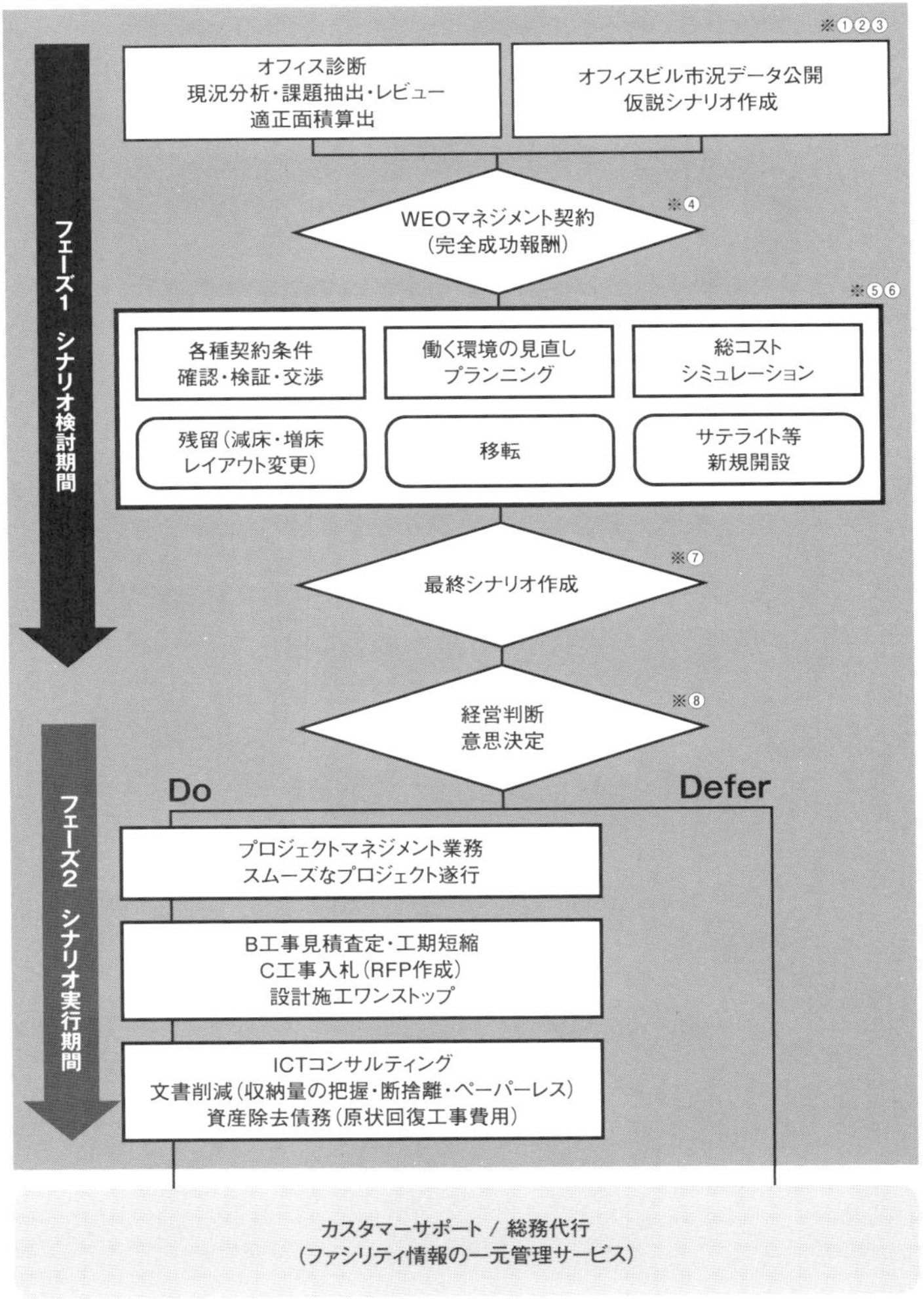

の経営戦略やニーズに合わせて、可能性のあるすべてのシナリオ分析を行い、それにメリットとデメリットを添えたかたちで具体的な「プランニング」を行う

⑦最終シナリオ（経営判断材料）を提供する

⑧経営者の意思決定したシナリオに基づき、各種契約や実行手続きの支援をする

納品後には、クライアントのファシリティマネジメントに役立つクラウド管理ツールも準備している。これを利用することで以下のような効用がある。

❶図面、デザイン、提案書、見積書、契約書など、あらゆる情報がわかりやすく管理・保管され、共有・閲覧ができることで、効率がよくなり生産性の向上につながる

❷前任の退職や異動などで担当者が変更される場合にも引き継ぎが容易になる

❸本社のみならず、地方の支店や営業所の情報も瞬時に閲覧でき、レイアウト変更や追加什器購入、修繕などの問い合わせも簡単に行うことができる

とくに❷に関連したバックデータをご紹介したい。

当社の調べでは、移転やレイアウト変更を担当する方のうち、約7割は初めて業務を担当することになった未経験者であった。しかも、担当者のほぼ全員がコア業務と兼務され、膨

大な量の電話やメール、訪問対応、タスク管理、提案書類の確認など、大変多くの業務を抱えていたのである。こうしたなかでデータが整理され、引き継ぎが容易なクラウド管理ツールはご利用者の大きなメリットとなるであろう。

さらに、東京都内の企業がオフィスを移転する平均的な頻度は約9・6年に1回【注2】であった。ざっと10年に1度しか実施されないオフィス移転に、専任のファシリティ担当者を設置できる余裕をもつ企業はどれだけあるだろうか。それは大企業の一部にかぎられているのが実態といってよいだろう。

つまり、たとえオフィス移転の経験者であったとしても、大半の方の前回の記憶は薄れていて、スケジュールやタスク管理に不安を感じている。クラウド管理ツールはこうした方々にとくにお役立ていただけるのではないだろうか。

実践編・5つのケーススタディ

ここまで、WEOマネジメントのしくみや特色を説明してきたが、実際にサービスを利用して効果的なオフィス戦略（移転に限らない）を実現したユーザー企業の事例をご紹介したい。

ケース①

ビルグレードUP・ダウンサイジング移転

東京都中央区八重洲Dビルに本社を置く環境エンジニアリング会社のI社は、次回の賃貸借契約更新日の約18カ月前、Dビル管理会社から再契約後の賃料を値上げしたいという打診を受けた。長年お世話になったビルではあるが、「やすやすと二つ返事で受け入れられる内容ではない」という判断で我々に相談があり、WEOマネジメントでコンサルティングを開始することになった。

移転するにせよ、残留するにせよ、まずは働き方や働く環境の見直しが必要であるという判断から我々が最初に着目したのは、適正面積の検証である。現入居ビルは430坪で、125人の社員が働いている。今後の働き方という観点で我々が検証したのは、具体的に次のようなポイントである。

・1人当たりのデスク幅やアイルスペース（ゆとり空間）は適正か
・各部門間の連携ができるレイアウトになっているか
・社内コミュニケーションの場所は充実しているか

図表3-7　＜ケース1＞

【事業内容】環境エンジニアリング
【従業員数】125名　【面積規模】430坪　【契約形態】定期借家

課題抽出	・現ビルオーナーから賃料値上げの打診があった ・フロア専有部分の形状がロの字でスペース効率が悪い ・常時利用していない個室が多く、大きさと数を適正にしたい ・日中の外出率が高い部門の固定席に無駄を感じる ・これからの増員計画に対応できるオフィスを確保したい
WEOの解決策	・交渉材料に移転シナリオを作成して対抗策を図る ・働き方を見直し、適正なオフィス面積を算出する ・ペーパーレス運用により収納量36%削減 ・営業部門の統合とフリーアドレス化 ・ＩＣＴツールの導入による全社モバイルワーク化
コスト削減メリット	・Ｂ工事区分の緩和とＢ工事期間の短縮によるコスト削減 ・移転候補先のビルオーナーから移転補償費の獲得 ・現ビルオーナーから賃料値下げの再提示を獲得

・物理的に収納量の過不足はないか
・個室や会議室は効率よく運用できているか
・ＩＣＴは有効に活用しているか
・ＢＣＰ対策の状況はどうか

それらに関するヒアリングを繰り返すなかで、Ｉ社が機能的なオフィスを構築するために適正な面積は320坪であることがわかった。ＷＥＯマネジメントでコンサルティングしていなければ、増員計画を考慮して、おそらく430～500坪の物件を選定していたはずである。しかし、適正面積が把握できたことで、320坪以上と選択肢が広がった。ただし、これはあくまで移転が決断された場合の選択肢が広がった、という意味で、そもそも移転が妥当かどうかの意思決定はされていない。

この場合、仮に現オフィスと同じ坪単価で３２０坪のオフィスが選定されれば、坪単価×１１０坪分のコストが削減できる。また、現オフィスより築年数が浅いビルに入居することになれば、坪単価は上がるものの、企業ブランディングやレイアウト効率の向上が期待できる。新しいビルのほうが柱の数が少なく、その占有面積も小さくなるので、有効面積が増えて、オフィスがより機能的に使えるのだ。しかも、省スペース化された最新のオフィス家具を導入すれば、機能性はいっそう増すことになるだろう。

我々は、実際にそのようなビルでシミュレーションしてみた。東京都千代田区丸の内にある丸の内Ｋビル（３２０坪）である。比較的、新しいビルのため坪単価は上がるが、月額賃料の総コストは変わらない。そこでＷＥＯマネジメントサービスを適用し、貸主（ビルオーナー）に対する契約条件の「確認・検証・交渉」に入ることにした。

ビルオーナー側から示された条件緩和の一つは、Ｂ工事費用に大きなウェイトを占める間仕切り工事をＣ工事にすることだった。さらに、Ｂ工事全体の減額交渉はもちろん、期間短縮（新装工事期間２カ月→１・５カ月）にも成功した。つまり、実質的には半月分の賃料が削減できたわけである。

我々は、そうした条件を獲得したうえで、Ｄビル側との交渉に臨んだ。次回の賃貸借契約で更新を見送る可能性を示唆し、Ｄビル側の姿勢を探ってみたのである。すると、当初、Ｄビル側から賃料の値上げが打診されたにもかかわらず、再提示された条件は「値下げ」であった。しかも、その額は年間１２００万円にのぼった。

さらに、話はここで終わらない。我々は、この件をＫビル側に伝えて、さらなる好条件の獲得に動いたのである。結果、Ｋビル側からは移転補償費として８３００万円を負担する旨が再提示された。新装工事費や新規什器購入費、原状回復工事費など、移転に関する費用の全額を貸主が負担するというのである。この段階で、Ｉ社が意思決定をするために必要な材料はおおむねそろった。

最終的に、Ｉ社はＤビルとの契約更新ではなく、Ｋビルへの「移転」を選択した。

ケース②

ビルグレードUP・ダウンサイジング移転

東京都港区六本木Ｍビルに本社を置く医療ヘルスケア関連事業会社のＭ社は、株式上場と３カ年の増員計画を見越した「移転と残留」の比較検討のため、ＷＥＯマネジメントサービ

図表3-8　<ケース2>

【事業内容】医療ヘルスケア関連事業
【従業員数】250名　【面積規模】1000坪　【契約形態】定期借家

課題抽出	・3カ年の人員計画に対応できるオフィスを確保したい ・将来的にフロア増床や拡張可能なビルを探したい ・株式上場の準備中のため、移転にかかる総コストを抑えたい
WEOの解決策	・人員計画に沿って、適正なオフィス面積を算出する ・諸条件について前向きな姿勢を示すビルの選定
コスト削減メリット	・B工事区分の緩和とB工事期間の短縮によるコスト削減 ・移転候補先のビルオーナーから移転補償費の獲得 ・区画優先交渉権の獲得

スを導入することにした。ケース１と同様、我々が最初に着目したのは、適正面積の検証である。現入居ビル１０００坪で約２５０人の社員が働いていた。

今後の働き方という観点から、３カ年の人員計画に対応ができ、機能的なオフィスが構築できる適正面積は６００坪であることがわかった。我々は、実際に６００坪程度のオフィス物件に当たりを付けるところから始め、今後のオフィス拡張性も含めて、増床する際の区画優先交渉権の獲得も視野に入れた物件選定を行った。

その結果、候補に上がったのは同じく六本木にあるＳビル（６００坪）であった。賃料でなく、フリーレントや工事区分の緩和、区画優先交渉権など、一連の条件交渉に入ったところ、Ｍ社は株式上場の準備中（当時は直前期）であったことから信用度も高く、貸主（ビルオーナー）とは友好的な雰囲気のなかで建設的な条件交渉を繰り返すことができた。

そうしてビルオーナー側より提示された条件はＭ社にとって望ましいもので、移転補償費（移転支度金）として1億５０００万円（または1年間のフリーレント）を負担するほか、Ｂ工事とされていた間仕切り工事や内装建築工事をＣ工事に緩和するというものであった。さらに、Ｂ工事の新装工事期間も1カ月間の短縮（実質的には1カ月間の賃料削減に値する）が実現し、今後想定される増床時の区画優先交渉権も獲得することができた。

以上のような好条件を獲得した結果、Ｍ社は「移転」を選択した。

ケース３

部分返却・レイアウト変更・残留

東京都港区六本木Ｚビルに本社を置く大手損害保険業のＢ社から我々に相談が寄せられたのは、賃貸借契約の更新時期を控えて、更新すべきかどうか、コンサルティングを求めたからであった。我々は、ＷＥＯマネジメントによって、まずは適正面積の検証からスタートした。

図表3-9　<ケース3>

【事業内容】損害保険業

【従業員数】300名　【面積規模】1000坪　【契約形態】定期借家

課題抽出	・賃貸借契約の更新に対する妥当性を確認したい ・４フロアに分かれた働き方の利便性を把握したい ・無駄なスペースを削減したい
WEOの解決策	・比較検討材料に移転と残留の両シナリオを作成して妥当性を確認 ・働き方を見直し、適正なオフィス面積を算出 ・現ビルオーナーに対して、フロア返却に伴う交渉 ・移転と残留の通勤コストシミュレーション
コスト削減メリット	・Ｂ工事区分の緩和とＢ工事期間の短縮によるコスト削減 ・フロア返却に伴う不利益なしの再契約で締結

現入居ビル１０００坪は4フロアで賃貸借しており、約３００人の社員が働いていた。本案件で我々が着目したのは、入居フロアが複数にわたるという状況である。ヒアリングを重ねるなかで、我々は３フロア（７５０坪）が適正面積なのではないかという仮説を立て、検証したところ、１フロアを返却しても機能的なオフィスの構築が可能であるという結果が得られた。

この仮説は、実質的に「残留」を想定したシミュレーションである。したがって、３フロア（７５０坪）のオフィススペースを確保する一方、同ビル内で45坪の倉庫スペースを新たに賃借し、近隣の貸会議室を活用することを提案に盛り込んだ。

だが、これは一見、単純なようで、現実

的にはリスクの高い提案でもあった。複数のフロアを賃貸借している場合、貸主（ビルオーナー）にはその一部のみ契約を解除されることを嫌う傾向があるからだ。オフィスの空室率という需給バランスの動向をしっかりと見据えて交渉に臨まなければ、契約更新（残留）という選択肢そのものを失いかねない危険をはらんでいた。

そうした状況をふまえたうえで、当然、我々は「移転」も並行して検討し、シナリオを作成している。近隣の７５０坪のオフィスビルを想定して、ビルオーナー側へのアプローチも進めていたのである。

そうした「両にらみ」の交渉が奏功して、結果的に、Ｚビルオーナーは１フロアの「部分返却」を承諾した。さらに、返却するフロアについての原状回復工事費用の査定や現ビル工事全体の工事区分交渉を行ったところ、Ｂ工事費用で大きなウェイトを占める間仕切り工事と電気設備工事をＣ工事とするという条件緩和を獲得した。また、イニシャルコストの比較だけでなく、ランニングコストも算出して、「移転」と「残留」のコスト比較を行った。以上のような材料をもとに、我々はＢ社の意思決定を仰いだ。

結果として、Ｂ社は「残留」を選択した。つまり、１フロアは返却し、３フロアについては契約を更新することにしたのだ。ただし、これはオフィスが狭くなっただけ賃料が安くなった、という単純なコスト削減の事例ではない。Ｂ社では、契約更新の時期に合わせてオフィスの全面改装を実施することにより、ラウンジ設備を導入して社員コミュニケーションの向上をはかり、会議室利用の適正化も実現したのである。オフィス改革は「移転」しなくても十分に可能なのである。

ケース④ ビルグレードＵＰ・ダウンサイジング移転

船舶用の燃料油や潤滑油などを販売する大手グローバル総合輸送事業会社の１００％子会社Ｔ社から我々に相談があったのは、東京駅周辺の再開発によって「立ち退き」が決まったからであった。つまり、東京都中央区京橋で入居中のビルに「残留」するという選択肢がない案件である。

Ｔ社の意向は、オフィス移転を働き方や働く環境を見直す機会ととらえ、適正面積やビルのグレードを検証してコスト削減をめざすだけでなく、企業ブランディングの向上にもつなげたい、というものであった。経営陣がオフィス移転を経営戦略の一環として位置付けた好例といえる。

だが、大手企業グループという立場もあるのか、Ｔ社の役員の一部には不動産仲介会社か

図表3-10　＜ケース4＞

【事業内容】グローバル総合輸送事業
【従業員数】120名　【面積規模】300坪　【契約形態】定期借家

課題抽出	・全社的にファシリティコストを見直したい ・抜本的な働き方改革を検討したい ・部門間のコミュニケーションを改善したい ・新しい企業ブランディングを構築したい
WEOの解決策	・あらゆる課題やニーズを網羅した最適なビル選定 ・機能的なレイアウト比較とコストシミュレーション ・アジャイル型プランニング
コスト削減メリット	・移転補償費やフリーレントの獲得 ・B工事区分の緩和とB工事期間の短縮によるコスト削減 ・ワンストップサービスによる間接コスト削減

ら物件情報を数多く取り寄せることが先決という声も上がったようで、我々がすんなりと案件を受注できたわけではなかった。物件の契約前、CBRE（大手グローバル不動産会社）、コリアーズ（大手グローバル不動産会社）、三井不動産（ビルオーナー）、住友不動産（ビルオーナー）のほか、PM会社やCM会社、ビル仲介会社など、我々を含めて11社が競合していたという。

　そうした厳しい状況のなかで我々が選ばれたのは、**①コストの最小化、②エフェクト最大化、③フレキシビリティの高さ**、の3つの観点から、WEOマネジメントサービスが評価されたからであった。我々は、物件契約前と契約後のアクションを明確にしたうえで、よりコンパクトなオフィス面積、好立地エリアの選定、そしてビルグレードはＡクラスに絞るという３つの軸でシミュレーションを行った。

ちなみに、本案件では物件契約後のＰＭ請負工事会社の選定についても、コンプライアンスを重視した企業側のリクエストによりコンペが実施され、大手オフィス家具メーカーや大手事務機器メーカー、大手ＰＭ会社、Ｔ社のグループ会社である購買会社など、我々は６社と競合することになった。しかし、ＷＥＯマネジメントの効果が評価されたことで我々の受注が決まり、結果として一気通貫のプロジェクトとなった。

我々が提案したオフィスビルはルートＣという全館避難安全検証が必要な物件であったため、契約においては企業側に不利となる内容について、あらかじめ「確認・検証・交渉」を行って、ビル管理会社側とは密なコミュニケーションを繰り返した。最終予算の算出ができたところで、企業側の第三者委員会（親会社の提携する一級建築士事務所）により査定と審査が行われたが、各費用項目のロジックと金額の妥当性の説明を丁寧に行った結果、無事に承認を得ることができた。

本案件では、「移転補償費・フリーレント・Ｂ工事区分の緩和」について、すべて企業側に有利な条件を盛り込んで契約を締結することができた。それにより適切なコストコントロールが可能となり、企業側の要望する着地点でプロジェクトを終結することになった。

ケース５

サテライトオフィス開設

東京都新宿区西新宿Ｍビルに本社を置き、東証一部に上場しているグローバルＩＴ企業Ｓ社は、毎年１００人程度の採用を継続的に行っており、それに対応してＭビルでの増床も繰り返し行ってきた。しかし、増床をしたいタイミングで常に床面積を確保できるという保証はない。また、コロナ禍をきっかけとして働き方の見直しに着手したこともあり、移転や増床、レイアウト変更、サテライトオフィスの開設も視野に入れたオフィス戦略のシミュレーションを行うこととなった。

東京主要区のオフィス賃料が高止まり傾向にあること（２０２０年６月の検討時点の新宿区の平均賃料は坪２万３９６円）、費用対効果の高い物件数が少ないこと、そのなかでも新宿区はオフィス空室率が低く（２０２０年６月の新宿区オフィス空室率２・24％）、貸主に有利であったことなどを理由に、千代田区六番町にある約１００坪のオフィスを賃貸借し、社員研修用としてサテライトオフィスの開設に踏み切った。

一方、本社が入居しているＭビルは、西新宿のランドマークタワーの一つである。そのブランド力を活かして来客対応機能を充実させ、さらに営業部門をＭビルに集約することで生

図表3-11　<ケース5>

【事業内容】グローバルIT業

【従業員数】600名　【面積規模】700坪　【契約形態】普通借家

課題抽出

- 例年の新卒入社に対応できる全社的な拠点戦略を検討したい
- 抜本的な働き方改革を検討したい

WEOの解決策

- 将来の本社オフィス移転シナリオの検証プラン
- サテライトオフィス開設で凌ぐという選択肢
- 本社オフィスに営業機能と来客対応機能を集約

コスト削減メリット

- B工事区分の緩和とB工事期間の短縮によるコスト削減

産性の向上も実現しようとした。

ＷＥＯマネジメントでは、不動産マーケット、オフィスビル市場、景気動向を鑑みながら、企業の経営戦略と財務戦略にリンクさせて、オフィス戦略における経営判断材料を策定し、納得した意思決定にいたるまで、フィーは完全成功報酬型でクライアントに寄り添うスタイルを基本としている。

今回のケースもオフィス戦略の決定までにはさまざまな意見が取り交わされたが、我々としては「サテライトオフィス開設で凌ぐ」という選択肢の内容を充実させ、本社移転や統合などは今のタイミングではなく、数年後の青写真とともに提案することに注力したケーススタディである。

第4章

外部環境対応と内部環境対応を両立する

≫成長ステージに合わせた働く環境の最適化

企業が生きるための「環境」を大別すると

企業組織はその規模や業種にかかわらず、さまざまに変化する「環境」にうまく適応しながら、発展していく。もし、環境に適応できなければ、退場するしかない。それならば、まずは環境を正確に把握することが大切である。

その対象である環境は、「外部環境」と「内部環境」に分けられる。

端的にいえば、前者への対応は「いかに付加価値を高め、顧客の心をつかみ、対価を獲得するか」ということになる。後者に対しては「いかに従業員の気持ちをつかみ、ワークエンゲージメントを向上させ、貢献活動を引き出すか」だろう。経営者が考えるべきは、その両立である。

だが、売上や利益として目に見えやすい前者ほど、後者も重視されてきただろうか。顧客が離れることを恐れても、従業員が離れてしまうことについては、それほど敏感ではない経営者も少なくない。しかしながら、むしろ重視すべきは後者である。従業員のワークエンゲージメントを高めないかぎり、顧客の心をつかむことはできない。内部環境への対応を怠っていると、外部環境への対応にも機能不全が生じるはずである。

では、いずれの環境に対しても適応するためには、何が必要なのか。

外部環境への適応状況から、企業の成長は次の４つのステージに分類することができる。

---

①試行ステージ（草創期）…従業員10〜30人
起業から、新しい事業を軌道に乗せるための試行錯誤を繰り返す成長ステージ

②拡大ステージ（成長期）…従業員30〜１００人
ニーズの急増に対応するため、一気に事業規模を拡大する成長ステージ

③多角ステージ（躍進期）…従業員１００〜３００人
新市場への進出や新商品の提供を行い、派生事業で多角化する成長ステージ

④再生ステージ（完成期）…従業員３００人〜
市場の成熟を受けて、旧事業のリフォームを行う成長ステージ

以上の4つの成長ステージは、企業の内部で相互に重なり合いながら生起するため、その時期を明確に区切れるものではない。しかし、多くの企業の成長事例を分析すると、ほとんどの企業がおおむね共通した軌跡をたどる。そして、規模や業界を問わず、各成長ステージで企業組織が越えるべきハードルにも、一定の共通性が存在するのである。

外部環境に適応するため成長ステージが切り替わる際、企業の内部でもさまざまな変化が生じる。WEOマネジメントの視点を導入すれば、そうした変化に対して、働く環境を最適化するための課題を事前に予測し、対応することができる。つまり、外部環境と内部環境の両方の変化に対して、適応させることができるのだ。

経営戦略と不動産戦略の懸け橋が必要

経営者の仕事とは、ひとりの仕事ではなく、チームによる仕事である。経営者に求められる役割をひとりで演じることは事実上、不可能といっていい。実際、成長しつづけている企業では、経営者の仕事はチームで行われている。それゆえに、経営者は真の「経営」に専念することができるのだ。

企業のファシリティは経営に大きなインパクトを与える。その戦略を考え、進むべき方向性を示し、最終的な意思決定をするのが経営者の仕事である。

日本では、企業のファシリティを総務部や厚生部が担当するケースが多い。経営企画部や管財部が不動産戦略やアセットマネジメントを担い、総務部や人事部でワークプレイス計画やＩＣＴ関連の構築を担当するなど、部門横断的に業務活動をしている企業も少なからず見られる。

また、不動産に関してはトップである社長も中途半端なかたちで加わって、結果的に物件情報やプロジェクト全体の情報が錯綜してしまい、最終的には収拾のつかないほど混乱する場合さえある。

そうした混乱は、企業の経営戦略と不動産戦略との融合に道筋をつけるファシリティマネジメント会社がほとんど存在しないために生じているのではないだろうか。せっかく描いた戦略も、部門間の認識の違いという壁にさえぎられて、いわゆる「机上の空論」で終わってしまうとしたら、あまりにも惜しい。

「まずは自社で検討する」は命取り

不動産をはじめとするファシリティ全般についていえることだが、日本の企業には「外部の知恵を借りる」という発想が薄いように思われる。とくに、現場担当者レベルにその傾向が顕著で、つきあいのある不動産会社に任せておけば安心、という考えなのか、客観的なコンサルティングを受けてゼロベースで見直すことの意義や効果が、あまり認識されていないようである。

もちろん、そうしたノウハウが社内に蓄積されているのなら問題はないのだが、実際には不動産会社に主導権を預けてしまい、できるだけ余計な仕事を増やさないようにと、作業を淡々と事務的に片付けてしまうケースが少なくない。

そうしたやり方では、当然、働く環境を適切に見直すことはできないだろう。また、せっかくのコスト削減の機会を逃すことにもなる。さらに、それが経営戦略の一環に位置付けようとして計画されたオフィス戦略であったなら、経営者の構想はむなしく空振りに終わることになる。

現実的には、たとえ不動産会社の親身なアドバイスがあっても、一般企業の担当者がファシリティマネジメントにもとづき、将来予測のシミュレーションを独自に行うことはきわめて難しい。経営者が認識すべきは、本来、経営戦略の一環に位置付けられるべきオフィス戦略を現場担当者レベルに「丸投げ」してしまうことの危険性である。担当者に任せておけば適切な物件情報が集められ、そのなかで最も好ましい物件に移転すればいい、というような安易な考えは、この際、あらためるべきではないだろうか。

ＷＥＯマネジメントでは、自社の業績が好調であるときほど貸主（ビルオーナー）から有利な条件を引き出しやすい。逆に、業績が不調で、事業の将来的な見通しが不透明な時期であれば、無駄なコストを削減することで資金を捻出することもできる。経営戦略に直結するコンサルティングといえよう。

時間こそ一番重要なもの

次に挙げるのは、貴社の総務部門の声である。

・通常業務（コア業務）が忙しくて、社長のいう働き方改革に着手する人的リソースがない
・我が社の社員の中に〝働く環境づくり〟の経験豊富な担当者がいない
・要件整理するだけで時間がどれだけかかるのか社長は知らないのだろう
・何社にも同じように説明しているのだが、同じ条件の見積書にならないんだよな
・社長から働き方改革の成果を求められるが、その評価の仕方そのものがわからない
・働く環境の維持と運営を今後していきたいけど、そのノウハウがない

先にも述べたとおり、ＷＥＯマネジメントはアウトソーシングを有効に機能させることで企業の生産性向上に直結してくるものである。ただちに業務を「コア業務」と「ノンコア業務」に分類し、後者についてはアウトソーシング化を進めて、自らのリソースは前者に集中させていくのがグローバルスタンダードである。

トップの勇気ある意思決定がないと現場は動かない

いうまでもなく、企業が次の成長ステージへと進化するためには、経営者の役割がきわめて重要である。組織のトップとしての意思決定とともに、価値判断が決定的な鍵となる。現場で働き方改革の新しい取り組みを始めようにも、通常業務（コア業務）に忙しく、新しいことには手が出せないのが、多くの日本企業の実情である。

ファシリティマネジメント業務のアウトソーシングも同様に、経営者の強い意志がないと前には進まない。経営者は、そもそも「現場には少なからず癒着や慣れ合いがある」という一種の性悪説にもとづき、コーポレート・ガバナンスを徹底する必要がある。縦割りの管理もファシリティの品質向上の邪魔をしているため、これらから脱却し、一元管理体制にシフトして、ファシリティ効果を最大限に高めるべきだろう。

また、組織にかかわる問題を社内の議論を経て解決しようとするのは、想像以上に難しいことも認識すべきではないだろうか。働く環境や組織にかかわる情報が、たとえデータ化され「見える化」されても、従業員それぞれの立場や個人の主観的な解釈によって、受け取り方には差があるからだ。だからこそ、意思決定は経営者にゆだねられているのである。そして、経営者が示した意思にもとづいて役員層が具体的な戦略を立案し、それをブレークダウンして担当役員以下、各部署が動く。そうした仕組みが機能している状態こそ、望ましい企業のあり方といえる。

前述したように、こうした企業活動を関係性の視点からとらえれば、経営者のコミュニケーション・チャネルはＣＦＯと担当役員との間にのみ設けるべきことがわかる。それが実現すれば、ＷＥＯマネジメントも大きな効果を発揮する。

なぜ社長なのに旧態依然の考え方しかできないのか

本来であれば、まず経営者が働き方改革や働く環境の最適化に向けた意思を示し、それらの改革における自らの役割を担うことが出発点となる。初めに経営者の意思と具体的な行動があれば、それに呼応するかたちで担当役員が現れたり、担当役員を招集して具体的な意思を示すことになるだろう。

その後、経営者と担当役員を巻き込んでWEOマネジメントの具体的なコンサルティングが実践され、最終的には経営者が何らかの価値判断（意思決定）をすることになる。つまり、経営者の最大の役割は意思の表示と決断なのである。

だが、残念なことに、経営者と担当役員の間のコミュニケーションがうまく機能していない会社は少なくない。日頃から経営者が上意下達型のリーダーシップスタイルをとっていて、役員以下の現場が自立性を欠いているケースもあれば、経営者と役員が互いを忖度《そんたく》しあって物事が前に進まないケースもある。

WEOマネジメントでは、「上は下が主体的に動かないと嘆き、下は上が方向性を示さないと不満を漏らす」という構図にならないように、円滑なコミュニケーションを行うが、まず必要となるのは、やはり経営者の意思表示である。経営者の意思表示と価値判断がセットになって、働き方改革や働く環境の最適化の方向性が定まっていくのだ。

したがって、WEOマネジメントにおいて経営者が発揮すべきリーダーシップ（役割）とは、「働き方や働く環境に対して明確な意思を示し、二律背反するテーマが浮上した際には自らの価値判断を迷わず行うこと」といえるだろう。

餅は餅屋、貴社の食べる餅は？

ファシリティマネジメント会社は、その成り立ちによっていくつかのパターンに分けられる。わかりやすく説明すると、どこのレストランでも料理を提供してくれるが、日本料理や韓国料理、中華料理、イタリアン、フレンチなど、それぞれの店には特色があるように、ファシリティマネジメント会社にも強みがあり、逆に言えば、ファシリティマネジメント会社自体が請け負えない領域は外注しているケースも少なくないので、業者の選定にあたっては慎重に検討したほうがいい。

繰り返しになるが、ＦＭ戦略が自社の不動産を活用した「経営環境全体の最適化」をめざすものであるのに対して、ＣＲＥ戦略は「自社の不動産を活用した企業価値の最適化」であり、ＷＥＯ戦略は「賃貸オフィスを活用した働く環境の最適化」をめざしている。71ページの図表３－１にもあるように、企業ニーズとしては圧倒的にＷＥＯ戦略が必要とされていることがわかる。

企業として、ファシリティマネジメントに何を求めているのかを明確にして戦略化し、プロジェクトを進行していかなければならないのだ。

ＷＥＯ戦略を成功させるための10の鉄則

ここまで、さまざまな角度からＷＥＯマネジメントの意義と効果を述べてきたが、その導入によって望ましい成果を獲得するためには、留意すべきポイントがあることもご理解いただけたと思う。あらためて、ＷＥＯマネジメント戦略を成功へと導くためのポイントをまとめてみよう。

①すべては経営者の意思表示から始まる

いうまでもなく、働く環境の最適化が実現できるかどうかは、経営者の強い意志にかかっている。何より大切なことは、経営者自身がオフィス戦略についての方針を明確に打ち出すことだ。もちろん、具体的な作業は現場担当者に任せるべきだが、あくまで主導権は経営者が握るべきである。

②コミュニケーション・チャネルは最小限に抑える

組織におけるトラブルの多くは「関係性」によって引き起こされる。トラブルを排除するだけでなく、スピーディーで夾雑物《きょうざつぶつ》の少ない意思決定を実現するためにも、経営者はCFOと担当役員との間にのみコミュニケーション・チャネルを設けるべきである。

③複数の不動産会社に相談をもちかけない

そもそも、物件情報を集めることがオフィス戦略の第一歩、という先入観は捨てるべきだ。しかも、不動産会社がもつ物件情報に大差はないため、複数の不動産会社に声をかけてもあまり意味はない。

④ビル内覧は、シナリオ作成後に行う

物件を選定する過程における重要なスクリーニング作業だけに、先に内覧を済ませてしまうと、ビルオーナーやビル管理会社との交渉に、ある種の制約が生じる。フリーハンドでの交渉を実現するためにも、拙速な内覧は禁物である。

⑤オフィスの賃貸借契約を急がない

たとえビル仲介会社が強く推奨する物件でも、性急な賃貸借契約だけは避けるべきである。契約が成立してしまったら、もはやWEOマネジメントの出番はない。したがって、コスト削減も働く環境の最適化も難しい。

⑥契約更新18カ月前から戦略を考える

現オフィスの解約予告日は、賃貸借契約更新日の6カ月前である。その段階で意思決定を完了しておくためにも、契約更新日の18カ月前を目安としてシミュレーションに着手したい。着手が早すぎると物件情報が不正確になり、遅すぎると必要な検証作業や交渉の時間がなくなってしまう。

⑦コア業務とノンコア業務を分類する

かぎられた経営資源を有効に活用するためにも、まずは業務内容を明確に仕分けるべきである。そうしてコア業務の強化をはかり、ノンコア業務にはアウトソーシングなどによって外部の機能を導入して、その専門的な知見を最大限に活用したい。

⑧「無駄金」を使っているという認識をもつ

あえて語弊をおそれずにいえば、よほど厳格にオフィス戦略を実践してきた企業でないかぎり、ほとんどの企業にコスト削減の余地が残されている。まずは経営者が「無駄金」を支払いつづけているという認識をもつべきである。

⑨経営判断材料として複数の選択肢を準備する

当然ながら、選択肢が多いほど経営判断の幅は広がる。オフィス移転ありき、は論外である。移転するにせよ、現オフィスに残留するにせよ、オフィス戦略を検討する際には必ず複数の選択肢を準備して、経営者の正しい意思決定に貢献すべきである。

⑩従業員のために「サードプレイス」に関心をもつ

詳しくは後述するが、働く環境の最適化を考えるうえで、いまやサードプレイスはきわめて重要な概念となっている。経営者こそ積極的に関与して、その実現に向けて取り組むべきである。

第 II 部

働く環境の新たな可能性を追い求めて

わが社とWEOマネジメントを支えるもの

第5章

私の考える未来へのオフィス戦略

≫サードプレイス、新しい在宅勤務、空き家の書斎化

「ＡＢＷ」という働き方

ＡＢＷ（Activity Based Working）とは、オランダから始まったワークスタイルで、グローバル企業を中心に採用するケースが増えている。仕事の内容に合わせて、働く場所やツール、時間などを自由に選べる働き方を指し、ノートパソコンなどのモバイルツールを駆使しながら、働く人が今やるべき仕事に対して、いつ、どの場所でやるのが最も効率がいいかを自分で決めることができる。つまり、「時間」と「場所」を自由に選択できる働き方のことである。

ＡＢＷに類似した概念として、フリーアドレスやテレワークなどが挙げられるが、ＡＢＷは働き方に決まりがなく、働き手による選択の自由度が高いという特徴がある。

この概念は、オフィスに行くこと自体を否定しているわけではない。人が集まることで新しい視点を得たり、すぐに問題が解決することもある。もちろん、同僚同士のコミュニケーションも大切である。しかし、昨今ではモバイルパソコンなどの性能が上がり、社外のどこにいてもオフィスの自席と変わらない感覚で業務が行えるのも事実である。また、ともに働くチームメンバーが離れた場所にいても、メールやチャット、ＷＥＢ会議などのツールを使えば必要なコミュニケーションやコラボレーションを進めることができるのだ。

　ＡＢＷは、画一的な「時間」や「場所」だけの問題ではなく、働く環境の選択肢を用意し、一人ひとりのパフォーマンスを向上させ、組織として最大限の成果を出すことをめざしているといえよう。そのために、企業はＡＢＷという新しい働き方のなかで、「オフィスはどんな役割を果たすべきか」という問いに答えなければならない。それが明確になれば、自分たちのオフィス戦略ミッションは何かが、よりクリアに見えてくる。逆に、その視点がないまま活動を続け、さまざまなオフィス施策を懸命に繰り出したとしても、組織としてオフィス戦略のベクトルが定まらず、空回りしていると感じてしまうだろう。

　日本の組織のリーダーは、上位役職層から下りてくる数値目標に過度に依存しすぎる傾向があるので、こうした点を考えることに慣れていない。また、この問いはシンプルだが、答えを出すのは容易ではない。オフィス戦略のミッションとして、どんな「特有の価値」を見出すことができるか、考え抜く必要がある。日本経済の動向にともなう不動産市場、事業環境の変化、自社の強み、そして自社の事業使命に照らして、責任をもって答えを出さなくてはいけないのだ。容易ではないが、ＷＥＯマネジメントを導入すれば、それは可能になるだろう。そのとき、ファシリティマネジメントの効果が最大限に発揮されるに違いない。

サードプレイスとは

ＷＥＯ戦略を成功させるための鉄則にもあるように、経営者は従業員のための「サードプレイス」の実現に向けて、積極的に関与すべきである。とくに、新型コロナウイルス感染症の蔓延によって働き方が大きく変わりつつある今、サードプレイスの社会的な意義は高まるばかりであり、従業員の幸福を追求するうえでも、その実現は経営者にとって喫緊の課題といってもいい。

この「第３の居場所」とは、具体的にどういう場所を意味しているのか。

アメリカの社会学者レイ・オルデンバーグは、その著書『サードプレイス』（みすず書房、２０１３年、原書名・The Great Good Place）で、サードプレイスが現代社会において重要であること、その場所に対する特別な思いなどを論じている。さらに、次のような重要性を説いている。

………

「**第１の居場所**（ファーストプレイス）」

ファーストプレイスである自宅は、生活の基本となる部分だ。寝起きをして、食事をとり入浴するといった、人間としての生命や健康を維持するために必要な場所であり、家族がともに生活をする場所でもある。ここには、家族に対する義務や責任も存在する。

「**第2の居場所**（セカンドプレイス）」

セカンドプレイスは、職場や学校といった、自宅以外でその人がおそらく最も長く時間を過ごす場所だ。ここでは、経済活動や学習を行う。これも、人間としての生活の糧を得るために欠かせないものである。裏を返せば、ファーストプレイスとセカンドプレイスの環境さえよければ、人の生活は維持できる。しかし、任務や収益のために行動することから、本来の自分になりきれていない人も多い。

この2つの居場所を行ったり来たりするだけの生活で、本当によいのだろうか。そんな考えのもと、サードプレイスという概念が提唱されるようになった。

「**第3の居場所**（サードプレイス）」

サードプレイスは、コミュニティライフの〝アンカー〟ともなるべきところで、より創造的な交流が生まれる場所。あらゆる社会は、すでに非公式の出会いの場所を備えていて、意図的に、現在の社会的ニーズに重要なそれらを追求している。

　義務や必要性に縛られるのではなく、自らの心に従い、進んで向かう場所だ。趣味をしたり、息抜きができる心安らぐところで、その場所は人により千差万別である。

オルデンバーグは、左記のような場所を真のサードプレイスの特徴を備えているという。

・無料あるいは安い
・食事や飲料が提供されている
・アクセスがしやすい、歩いていけるような場所
・習慣的に集まってくる
・フレンドリーで心地好い
・古い友人も新しい友人も見つかるようなところ

オルデンバーグが定義する〝サードプレイス〟の8つの特徴

【中立領域】

　サードプレイスの構成者は、義務感からそこにいるのではない。彼らは、経済的、政治的、法的に縛られることなく、喜んでやってくる。

【平等主義】

サードプレイスは、個人の社会における地位に重きをおかない。経済的・社会的地位は意味がなく、ありふれていることが許容される。サードプレイスでは、参加するための条件や要求がない。

【会話が主たる活動】

遊びゴコロや楽しい会話がサードプレイスの活動のメインフォーカスである。会話のトーンは気軽で、ユーモア、ウィットがあり、優しい遊びゴコロは高く評価される。

【アクセスしやすさと設備】

サードプレイスはオープンで、みなが訪れやすい環境。柔軟で親切で、集まる人のニーズにこたえるところ。

【常連・会員】

サードプレイスは、常連がいて、空間やトーンを形成する。その場所らしさを彼らがつくる。新たな訪問者を惹きつけて、新参者にも優しいところ。

【控えめな態度・姿勢】

サードプレイスは、健全である。そのなかには無駄遣いや派手さはなく、家庭的な感じ。偉ぶったり、排他的であってはいけない。いかなる個人、あらゆる階層の人も受け入れる。

【機嫌がよくなる】

サードプレイスでの会話のトーンは、けっして緊張や憎悪を生んではいけない。その代わり、陽気でウィットに富んだ会話、気さくな冗談は歓迎される。

【第2の家】

サードプレイスにいる人たちは、しばしば温かい感情を共有する。あたかも同じ家に暮らす者同士のように。この場所に根ざしている感情を持ち、精神的に生まれ変わることができる。

次世代型のサードプレイス

事例1　公園／サードプレイスの公共化

最も身近な公共の場所である公園では、コロナ禍で在宅勤務を余儀なくされた人たちが適切な距離を保ちながらベンチでテレワークをしたり、木陰で読書をするなど、サードプレイス化にトライする光景があちこちで見受けられた。

事例2　VR／サードプレイスのバーチャル化

自宅にいながらバーチャル空間に移動できるＶＲでは、瞬く間に別世界に飛び込めてしまう機能性がある。また、仮想空間にオフィスを構えることで、実際に出勤しなくても、いつものオフィスで、いつもの仲間と働いているような体験ができる。

事例3　自動運転車／サードプレイスのモビリティ化

世界市場で圧倒的な存在感を見せるアメリカの巨大ＩＴ企業「ＧＡＦＡ＋Ｍ（Ｇｏｏｇｌｅ・Ａｐｐｌｅ・Ｆａｃｅｂｏｏｋ・Ａｍａｚｏｎ・Ｍｉｃｒｏｓｏｆｔ）」は、自動運転車市場に進出し、日本のお家芸である自動車産業は大きな曲がり角に差し掛かっている。

法律をクリアして完全自動運転が実現できれば、ドライバーは運転から解放され、「車の中の自由人」へと変化する。走行中でも、停車しているときのように飲食も、仕事も、昼寝さえ可能となり、車内はカフェや公園などのような居心地よく過ごせる「第3の居場所（サードプレイス）」になる。

オンデマンドの自動運転車によるライドシェアが実現した場合、人々は高いお金と維持費を払ってまで自家用車を所有したいと考えるだろうか。コスト面だけを考えると、一般に広く普及していくのはしばらくの時間を要するだろう。

しかし、自動運転車が「サードプレイス」として「居住ボックス化」したとき、所有欲をくすぐるリビングスペースとしての機能とデザインがなければ、普及しないだろう。所有欲を刺激するプロダクトデザインという点に注目したとき、Ａｐｐｌｅの名前が思い浮かんでしまうのは私だけではないはずだ。日本一の売上を誇るトヨタ自動車には、コストや性能に加えて、優れたプロダクトデザインの開発にも期待したい。

日本でも安倍晋三首相（当時）を議長とした「未来投資会議」で、２０１７年から完全自動運転車の実用化に向けた議論が本格化した。我々も国民のひとりとして、自動運転が実現する社会のビジョンについて考えておく必要があるのではないだろうか。

在宅勤務とコミュニケーションの関係性

日本政府はＩＣＴ（情報通信技術）を利用し、時間や場所を有効に活用できる柔軟な働き方である「テレワーク」の普及促進に資するさまざまな取り組みを進めている。テレワークは、働き方改革実現の切り札となる働き方であり、ワークライフバランスの実現や人口減少時代における労働力人口の確保、地域の活性化などにも寄与するものであると定義されている。

◆サテライトオフィス勤務

一般的に、サテライトオフィスは企業側が設置するものである。ただし、この場合のサテライトオフィスにはコワーキングスペースやシェアオフィスも含まれている。そもそも、実態としては、この３つは明確に区別されておらず、企業としてコワーキングスペースを借りて業務を行っている場合も、サテライトオフィスと呼称されているケースはある。

◆モバイル勤務

モバイルワークは、オフィスの外はもちろん、オフィス内でもデバイスを自席から持ち運んで会議室や食堂などで仕事をする場合も含む。また、カフェや公園、出張先のホテル、顧客先や移動中にパソコンやスマートフォンなどを使う働き方なども含むことから、ワークプレイスとしては、より広い概念である。

◆在宅勤務

在宅勤務は、サテライトオフィス勤務、モバイル勤務と並ぶ雇用型テレワークの一種であり、自営型テレワークと定義されている在宅ワークとは異なる。この働き方の課題として浮上しているのが、企業側・従業員側ともに「コミュニケーション不足」である。さらに、メンタルヘルスケアについても取り組むべきである。

サードプレイスには、自分らしさを体現し、ストレスや精神的不安を軽減する効果があるとされ、我々の生活に潤いを与えるといわれている。共通の関心を持つ仲間に囲まれ、心を通わせることで、疎外感や孤独感を感じにくくなるのだ。このようなグループが形成されることで、市民活動が活発になり、街や社会全体としても文化や心の豊かさを育む。

現代社会は、コミュニティが疎遠になっているといわれている。とりわけ都心部では、人口が増加し、集合住宅に多くの人が住み、近隣住民の顔や名前を知らない人も多い。満員電車に詰め込まれて会社にたどり着き、夜遅くまで働いて、再び満員電車で帰宅する。そんな日常が定年まで続くとしたら、心がすさんでしまっても不思議はない。そうした殺伐とした日常に潤いや安らぎを与えてくれるのなら、サードプレイスは我々の人生になくてはならない存在といえよう。

テレワークの広がりが残した波紋

在宅勤務では、ひとり暮らしの場合は、誰とも話をせずに１日を過ごしてしまう人も多い。オンライン会議でＷｅｂ画面越しに業務の話をしても、職場でコミュニケーションをとるような何気ない会話はなくなり、必要最低限の会話になりがちである。チャットやメールのやりとりでは、声を出すことはない。

たとえ家族と同居していても、勤務時間中は何かとパソコンを気にしながら過ごすことになる。仕事に集中したくても、家族が気になって落ち着かず、結局、ストレスを感じてしまうことも少なくない。

リクルートキャリアによる２０２０年9月の調査【注3】によれば、コロナ禍でテレワークを経験した人の60%が、テレワーク開始前にはなかった仕事上のストレスを感じていた。さらに、ストレスを感じたと回答した人を対象に、そのストレスは解消できたかどうかを尋ねたところ、68%はいまだに解消されていないと回答している。

テレワーク時のストレス実感には年代別の大きな差異はなかった。20代～60代のすべての年代で、ストレスを実感した人の割合が、おおむね60%前後であった。

ところが、ストレスを解消できたかどうかについては、年代が上がるほど、解消できていない割合が高いことがわかる。たとえば、ストレスを解消できていない人の割合は、20代では59%となっており、41%はストレスが解消できたと回答している。一方、50代～60代は、84%がストレスを解消できていないと答えている。

こういったストレス要因の一つには、テレワークによって仕事の進め方が大きく変化したことが考えられる。従来は、お互いが顔を合わせることで機能していたコミュニケーションや協働が、テレワークという新しい働き方が導入されたことによって分断されてしまった可能性がある。

世帯形態別での比較では、20代～40代のすべての年代で「夫婦（子供なし）」、「夫婦（子供あり）」、「ひとり暮らし」の順にテレワークでの満足度が高い。また、すべての年代・世帯形態で不満足の割合は20%を切っており、全体としてテレワークでの働き方に前向きな様子がうかがえる。

また、テレワーク前には感じなかったストレスを最も感じていたのは、20代～40代のすべての年代において「夫婦（子供あり）」で、「ひとり暮らし」、「夫婦（子供なし）」がそれに続くという傾向であった。

この調査結果によると、「夫婦（子供あり）」の世帯はテレワークでの働き方に満足している一方で、ストレスも感じていることがわかる。また、「ひとり暮らし」の世帯は年代を問わずテレワークでの満足度が比較的に低く、ストレスは「夫婦（子供あり）」世帯に次いで高いことが明らかになった。

空き家の書斎化プロジェクト

これまで人間は「場所」に縛られていた。家は1つ、住所も1つ、オフィスも1つ。それが当たり前だと思い込んでいた。しかし、インターネットが生活のインフラになり、どこでも仕事ができるようになった今、そんな常識はもう過去のものと考えることができる。

これからの在宅勤務は、マイホーム空間だけを意味するものではなくなるだろう。自宅周辺にある（改修後の）空き家の一室を自分専用の書斎として利用し、その空き家の共有スペースでは新たなコミュニティが生まれて、在宅勤務者が感じていた「不」を解消することができるのではないだろうか。

在宅勤務者が感じていた「不」とは、以下のようなものである（図表5－1参照）。

・オンとオフの区切りが付けられない

図表5-1　在宅勤務の不満

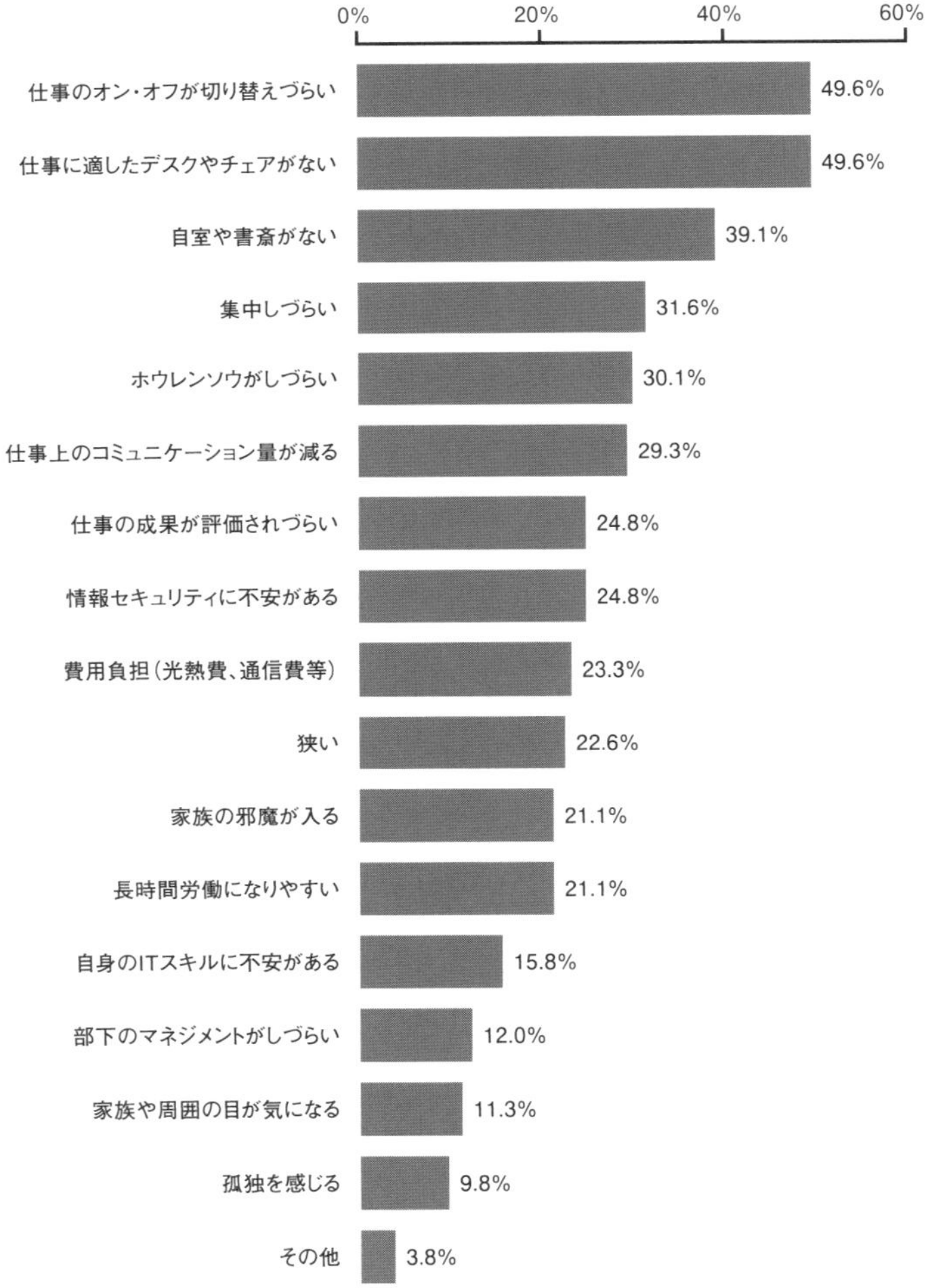

集計対象：「自宅の環境ではテレワークしづらい」と答えたワーカー（n=133）／複数回答
出所：ザイマックス不動産総合研究所「首都圏オフィスワーカー調査 2019」（2019）

・家族の生活音などで仕事に集中できない
・家族にも見せることのできない仕事上の情報がある
・そもそも仕事をするスペース（部屋や場所）がない

日本において、「空き家」の存在はもはや社会問題といっていい。総務省の２０１８年調査（「住宅・土地統計調査」住宅数概数集計）によれば、全国の総住宅数６２４２万戸に対して、空き家数はおよそ８４６万戸（５年前の前回調査では約８２０万戸）にのぼる。全住宅に占める空き家率は13・55％（同13・52％）で、それぞれ２０１３年の前回調査の数値を超え、過去最高を記録した。

そもそも、空き家を減らす方法は、次の２つしかない。

①人口を増やす

②住宅を減らす

論理的には、①か②のどちらか、あるいは①と②を並行して行うしか、空き家を減らすことはできないのである。

しかしながら、日本では現在、いずれも進むべき方向とは正反対へと向かっている。つまり、少子化によって人口は減る一方であるにもかかわらず、住宅はいまだに増えつづけているのだ。このまま何も手を打たなければ、空き家問題がますます深刻化するのは間違いない。

そうした問題意識のもと、空き家の書斎化プロジェクトを打ち出した我々は、まず自治体に対するヒアリング調査を実施した。調査対象は、東京都内５区（板橋区、新宿区、世田谷区、豊島区、中野区）と同５市（国立市、調布市、府中市、三鷹市、武蔵野市）である（２０２０年２月に実施）。その結果は、いずれも「自治体として対策は行っていない」との回答で、ほぼ一致した。

また、これまで所有者から空き家の活用や処分に関する相談が寄せられる事例もなかったという。個人情報保護の点からも、それらの自治体が積極的に何らかの対策を講じる可能性は、今後もきわめて低いことがわかった。

一方で、不動産業界には活発な動きが見られる。空き物件の所有者に対して、土地や建物の買収や有効活用を提案するための営業活動が積極的に行われているのである。具体的にいえば、飛び込み営業や電話での勧誘、チラシのポスティングなどである。しかしながら、売買実績を見るかぎり、不動産会社の攻勢が必ずしも成果をあげているとはいえないのは、なぜか。

考えられるのは、所有者と不動産会社のミスマッチである。つまり、不動産会社が営業活動に力を入れるほど、所有者側に警戒感が強まっているのではないだろうか。そうした構図の根底には、不動産業界に対する拭いがたいマイナスのイメージも影響していると思われる。バブル景気のころの「地上げ」に象徴される業界の商習慣が、一種の不信感につながっているのではないか。

また、デフレ不況がいまだ解消される見込みがない状況のなかで、あえて売り急がなければならない理由はないのである。所有者には、地価が上昇傾向に転じるまで、しばらく様子を見守るのが得策という判断があるように思われる。とはいえ、いつまでも空き家のまま放置していいとも考えてはいないだろう。

こうした状況を考え合わせると、所有者には空き家の適切な活用方法が見当たらないため、不本意ながら放置されているのが現状といえよう。空き家を有効活用することが社会にとって有用で、しかも所有者自身を経済的に潤すことになるのであれば、おそらく所有者は空き家問題の解消に向けて協力的な姿勢に転じるはずである。

たとえば、ワークプレイスとして再生された空き家が全国一律の定額制で利用できるようになれば、自宅に仕事環境が整っていないビジネスパーソンにとって、それは快適な在宅勤務を実現する「書斎」になる。そこにカフェを併設し、利用者や近隣住民の交流の場になれば、地域コミュニティの復活にもつながる。そうした有効活用が実現するとわかれば、空き家の所有者の意識も変わるのではないだろうか。

そうしたアイデアが実現すれば、働く環境に新たな選択肢が生まれることになる。我々がめざすのは、単に見栄えのいいオフィスを提案することでも、使い勝手のいい机や椅子を調達することでもない。働き方そのものをデザインすることによって、より多くのオフィスワーカーに新たな価値を提供することである。

我々は、そのリーディングカンパニーとなって、日本のあらゆる働く環境の向上に貢献していきたい。

第6章

特別対談

オフィスと経営者、そして新しい働き方

ゲスト　弁護士・作家　牛島　信氏

牛島総合法律事務所の代表弁護士であり企業法務、

ガバナンスの第一人者として名高い牛島信氏。

話題作『少数株主』などの著書をもつ小説家としても知られる。

牛島事務所とわが社MACオフィスは

奇しくもともに東京・永田町の山王パークタワーの

同じフロアに居を構える。

筆者が事務所にお邪魔して、出会いの奇縁からオフィス論、

経営論、働き方までじっくりとお話をうかがった。

（撮影・今井康一）

人口減少時代とイノベーション

牛島 まさかとは思いますが、池野さんに初めてお目にかかったのはトイレだったかもしれませんね（笑）。

池野 いまでもトイレや廊下でよくお会いしますので、ひょっとすると、そうかもしれません（笑）。ただ、私どもの社外取締役をお願いしている方が、東京大学で牛島先生と同級生だったというご縁もありますので、その方にご紹介いただいたのが最初だった可能性もあります。いずれにせよ、牛島総合法律事務所が入居されている山王パークタワーの同じフロアに、私どもが東京オフィスを開設したのがきっかけです。以来、いつも気さくに声をかけてくださって、光栄に思っています。

牛島 お隣同士になってから、もうずいぶん経ちますか。

池野 私どもは、２０１２年４月に入居しました。それ以前は、東京に初めてオフィスを開設してから３年間、赤坂１丁目の雑居ビルに入っていたのですが、ブランディング戦略という意味合いもあって、こちらに移転してきたんです。

牛島 オフィスが企業ブランドを左右するという点では、弁護士の世界も似ていますね。工場や倉庫が必要な設備産業ではありませんから、どんな街に、どういうオフィスを構えるか、ということが、弁護士に対する信頼感を醸成するうえで、現実的には大切な要素になってきます。

池野　たしかに、この立派なオフィスをお訪ねすると、落ち着いたラグジュアリーな雰囲気が、深い安心感につながるような気がします。

常識はずれに豪勢な法律事務所

牛島　振り返ってみると、私のオフィス観といえばいいのか、オフィスに対するイメージや考え方には、弁護士として最初に働いた職場の影響があったように思います。

池野　牛島先生は検事をお辞めになった後、外国系の法律事務所に入られたのですね。

牛島　アンダーソン・毛利・ラヴィノウィッツ法律事務所といいまして、当時、皇居のお濠端にあったＡＩＵビルに入っていました。ラヴィノウィッツ先生はアメリカの方でしたし、オフィスのレイアウトもアメリカ式というのか、机の配置が日本のオフィスとは違っていました。そして、当時の日本の常識では、ちょっと考えられないくらいに豪勢なオフィスでした。私は、そこに弁護士のオフィスとして、ある種の理想形を見ていたのかもしれませんね。いまではもう薄れてしまいましたが、いわばラヴィノウィッツ・コンプレックスですよ。

池野　すると、牛島先生のオフィスでは、これまで改装にもかなり手間をかけていらっしゃったのでしょうね。

牛島　そうですね。とにかく拡張に次ぐ拡張でやってきましたから、以前のオフィスも含めると工事の経験は10回どころではないかもしれません。とくに、ここへ入居する前にオフィスを構えていた青山ツインタワービルでは、当初こそ75坪でしたが、十数年経って出ていくころには３５０坪を超えてしまいました。１フロアが３５０坪でした

牛島 信（うしじま しん）
１９４９年生まれ。75年、東京大学法学部卒業。検事を経て、79年、弁護士登録。85年、牛島総合法律事務所を開設。以来、M&Aやコーポレート・ガバナンス関連の案件を多数手がける。97年、『株主総会』で作家デビュー。『株主代表訴訟』『現代の正体』など、著書多数。最新刊は『身捨つるほどの祖国はありや』（２０２０年11月刊）。日本生命保険社外取締役、朝日工業社社外監査役、日本コーポレート・ガバナンス・ネットワーク理事長、日本女子プロゴルフ協会監事など、各界で多数の要職を務める。

から、新たに別のフロアを丸々借りないといけなくなったのです。上階の床に穴を開けて下階と階段でつなげてはどうかとか、いろいろ検討したのですが、結局、それならいっそ新しいオフィスへ移ろうということになって、山王パークタワーに移転してきました。２００４年でした。

池野　そうした検討の過程では、やはり不動産会社さんが牛島先生の相談に乗ってくださったのですか。

牛島　ええ。青山ツインタワービルに入居したときから大家である不動産会社さんが大変親身に面倒を見てくださっていたものですから、そのときも同じ不動産会社さんにいろいろ助けていただきました。じつは、オフィス探しではずいぶん苦労した経験がありましてね。いわゆるバブル景気のころ、池野さんはまだ学生さんですか？

池野　１９７１年生まれですから、80年代後半はまだ高校生でした。大学を卒業して社会に出たときには、もう好況の余韻がかすかに残っているかどうか、という時代だったと思います。

超高層ビルがなかった時代のオフィス探し

牛島 古い話で申し訳ないのですけれど、私がアンダーソン・毛利・ラヴィノウィッツ法律事務所から独立したのが85年なんですね。バブル景気の起点とされるプラザ合意の年です。そのとき、青山ツインタワービルにオフィスを構えていた方のもとに、私を含めた何人かが合流するかたちでスタートしたのですが、その2年後、そことは別にオフィスを設けないといけなくなった。つまり、私が出ていくことになったのです。ところが、適当なオフィスが見つからない。すでに所帯も大きくなっていて、それなりの広さが必要だったものですから、いろいろな不動産会社さんに都内で物件を探していただいたのですが、青山ツインタワービルほど立派なオフィスは空いていませんでした。

池野 都内の主要な超高層ビルは、おおむね2000年代に竣工していますから、当時はまだ少なかったのでしょうね。この山王パークタワーも2000年の竣工です。

牛島 たしかに、いまのような超高層ビルは少なかったと記憶しています。一方、バブル景気でオフィス需要はどんどん高まっていたので、とにかく空きがなくて、賃料も高騰していました。どうしたものかとたいへん困っていたところ、たまたま同じ青山ツインタワービルに空きが出ると銀行が教えてくれ、大家である不動産会社さんに頼んで、なんとか助かったのです。こういう場面で池野さんの会社が助けてくださるわけですね。

池野　もちろん、物件の紹介もします。ただ、私どもは不動産仲介会社ではなく、あくまでコンサルティングが主業務ですので、そのとき牛島先生からご依頼をいただいていたとしたら、別の選択肢を提案していたかもしれません。

牛島　つまり、違う物件を見つけてくださったかもしれない、ということですか。

池野　その可能性もあります。とはいえ、それなりのステータスを備えた物件そのものが少なかったという当時の時代背景や、そもそも「残留」という選択肢がなかった状況を考えると、実際にはなかなか難しかっただろうと思います。ただ、もしそうであったとしても、たとえば牛島先生に代わって青山ツインタワービル側とB工事の区分緩和

の交渉をしたり、その他の契約条件についても検証して、牛島先生に有利な条件を獲得できたかもしれません。

牛島　クライアントにとって、どういうオフィスがふさわしいかをコンサルティングするだけでなく、貸主側との交渉までしてくださるわけですか。

池野　基本的に、私どもはまずお客様の働く環境を「確認」することから始めて、移転の妥当性まで含めた「検証」を行って、契約条件などの「交渉」まで、一貫してサポートします。先ほど牛島先生もおっしゃったように、オフィスの整備は企業ブランドに直結するテーマですから、引っ越しをすべきかどうか、という単純な問題ではなく、企業価値を左右する重要なプロジェクトなんです。不動産仲介はその一部であって、私どもはプロジェクト全体のソリューションを提供しています。

弁護士とWEOマネジメントの共通点は

池野　牛島先生のケースでいえば、青山ツインから山王パークへ移転なさったエピソードがわかりやすいと思いますが、仮に私どもがご依頼をいただいていたら、山王パークを候補地の一つとして移転する場合と、おっしゃったように内階段で上下階をつなぐなど、何らかの工夫をして青山ツインに残留する場合のそれぞれについて、具体的なシナリオを提案して、牛島先生のご判断を仰ぐことになります。

牛島　もし、そのとき私が残留したほうがいいと判断したら、私に代わって貸主側から工事の許可をいただいたり、工事区分の交渉をしてくださるわけですね。

池野　そういうことです。それを機会に貸主側と賃料の見直しを交渉して、値下げを実現することも少なくありません。

牛島　では、現実と同じく、移転することに決めたら、どういうメリットがありますか。

池野　たとえば、新たな貸主側と交渉して、移転にまつわる費用の負担をお願いするというケースは現実的ですね。あるいは、いわゆるフリーレントを獲得する可能性も高いと思います。というのも、空室期間をできるだけ短縮したいという事情もさることながら、高名な牛島先生のオフィスだったり、社会的な信用の高い大企業が入居してくださるのは、貸主側にとって歓迎すべきことなんです。1年間くらい賃料は無料でもいいから、ぜひ入居してください、というケースは決してめずらしくはありません。もちろん、そのときどきのオフィス需給によって貸主側の立場が強くなるタイミングもありますから、そういう市場の動向も見きわめながら交渉することになります。

牛島　池野さんのお話をうかがっていると、弁護士のスタンスと同じですね。つまり、徹底してクライアントの側に立つ、という。

池野　あくまで、私どもはお客様に寄り添うという立ち位置ですね。そして、私どもの先に不動産会社やデザイン会社があります。私どもを窓口として、お客様はワンストップでオフィス環境を整備することができるわけです。

牛島　それゆえに「移転しない」という選択肢が生まれるわけですね。不動産仲介会社が成功報酬でクライアントのパートナーの位置に立ってしまうと、仲介手数料を獲得しなければならないから、どうしても移転が前提になってしまう。

池野　おっしゃるとおりです。

ファシリティの専門家が育たない理由

牛島　もしかすると、池野さん以外、ニーズがひそんでいることに誰も気づいていなかったのかもしれないけれど、そういう役割は社会的にも必要ですよね。たとえば我々のような法律事務所では、法律家はたくさんいるものの総務部的な知識や経験が豊富な人は不足しがちです。でも、そういう方が縁の下で支えてくださらないと、居心地のいい職場にはなりませんね。小さな話ですけれど、当たり前のように設置してある飲料の自動販売機も、誰かが交渉してくれたおかげで、我々は便利を享受している。

池野 いわゆるファシリティマネジメントは、業種にかかわらず、誰かがやらなければならない仕事です。しかしながら、どういうわけか、日本では専門家がほとんどいない領域なんです。まして、オフィスを移転すべきかどうか、というプロジェクトを常設する企業などありません。つまり、社内には専任の担当がいないので、その時期だけ総務部の方が兼務することになります。

牛島 そうすると、時間的にも余裕がないから、どうしても不動産仲介会社が探してきてくれた物件を比べて、気に入ったほうに引っ越す、という単純な作業になってしまうでしょうね。そもそも、移転すべきかどうかなんて考えない。

池野 そういう余裕もノウハウもないのが普通です。でも、それは当然だと思います。こういったファシリティ全般について、重要性が経営課題として認識されていないことが原因なんです。オフィスに関する問題は従業員のために解決すべきものですが、それを誰がやるのかといえば、決して従業員ではない。やはり、経営者なんです。私たちは、あくまで経営者のサポートが仕事だと考えています。ですから、最終的には、企業が全国に展開するすべてのオフィスについて、私どもがそのマネジメントを任せていただくような存在になりたいですね。東京本社の移転や大阪支社の新規開設だけを

牛島　担当するのではなく、全国の支店や営業所を一括して任せていただければ、より高い次元でオフィス戦略を提案できるはずです。
たとえば、ある企業の広島支店が入居しているオフィスの更新時期が、1年後に迫っているとしましょうか。そして、ちょうどスタッフを増やしたいと考えていた。そうすると、いい機会だから少し広いオフィスに移転して、隣県の岡山営業所と統合し、新たに中国支社を設置してはどうか、という提案もできそうですね。オフィスの整備は各拠点の問題だと思っていたら気づかなかったかもしれないけれど、全社的な経営課題としてとらえると、そういう選択肢が生まれるかもしれない。

池野　ご明察だと思います。まさに、そういう役割も担うことができます。

総務部長に丸投げしてはいけない

牛島　弁護士として、私はソフトウェアの開発にかかわるこ

とも少なくないのですが、池野さんの会社はシステム開発とも似ているような気がしますね。というのも、システム開発の仕事は、膨大な業務を分析して「見える化」することから始めます。業務のどの部分にどんな問題がひそんでいるのかを正確に把握しておかないと、どんなにすぐれたシステムを開発しても不具合が解消されないのは当然ですね。ですから、まずは各部署に対して入念なヒアリング調査を行うわけですが、働く環境のどの部分にどういう問題があるかを浮かび上がらせるためにも、やはり詳細なヒアリングが必要でしょうね。

池野　おっしゃるとおりで、私どもでもヒアリングは重視しています。ただし、従業員の方々に対するヒアリングは具体的な職場づくりのためであって、ブランディング戦略や中長期的な企業価値に関する領域については、むしろ経営者の声にだけ耳を傾けるべきだと考えています。

牛島　つまり、どの街の、どういうビルに入居するかということまで従業員に意見を求めたらキリがない、ということですか。

池野　経営の問題ですし、タイミングも重要ですから、やはりトップの明確で素早い判断が必要だと思います。じつは、別の側面からも、これはトップの専管事項であるべきなんです。たとえば、ある企業で総務部長が昵懇《じっこん》の不動産仲介会社から複数の物件を提案されて、現オフィスより賃料の安い物件に移転するとします。賃料が下がった分、コストダウンに成功したようには見えます。ところが、そのとき私どもがコンサルティングを実施していたら、より大きなコストダウンが実現した可能性が高い。単に賃料を比較するだけでなく、光熱費や従業員の通勤費用といったランニングコストも検証しますし、貸主側との契約条件の交渉も行うので、一般的には目の届きにくいコストも抑えることができるからです。でも、総務部長にはそこまで求められてはいませんし、求められても通常業務の片手間にできるものではありません。

牛島　なるほど。総務部長の場合は、年間1000万円のコストダウンでも十分な手柄になるから、不動産仲介会社に丸投げしてしまう。池野さんに依頼して、年間1億円のコストが削減できてしまったら、むしろ総務部長は無駄なコストを負担してきた責任を問われかねないわけですね。池野さんが、あくまで経営者の意思決定が重要だと強調される理由がよくわかりました。

池野　オフィスに関する意思決定は、ひとつの部門の責任者ではなく、企業組織全体に責任をもつ立場の方が主導するべきだと思います。

女性用トイレをきれいにしたのはなぜか

牛島　いまのお話とは少し角度が違うのですが、オフィスに対する経営者の責任という話題になると、私にはとても印象深い方がいます。大和証券で社長・会長をなさっていた鈴木茂晴さんという方で、私が心から尊敬する経営者のおひとりなのですが、その鈴木さんが大和証券の社長に就任したとき、まず全国の拠点のトイレをリニューアルなさったというのです。

池野　従業員の方が利用するトイレですか。

牛島　そうです。それも、女性用トイレをきれいにつくり変えた。社長になって全国の支店を視察して回ったとき、お客様をお迎えするスペースはきれいだけれど、いわゆるバックヤードは古いままで、とても快適とはいえない状態であることに気づいたのですね。そこで、いっせいにリニューアル工事を実施なさった。なぜかというと、企業の活力とは従業員のロイヤリティから生まれるからだとおっしゃる。つまり、従業員に「いい会社で働くことができてよかった」と感じてもらえなければ、企業は伸びないというわけです。ですから、鈴木さんは快適な職場環境の実現を最優先課題になさった。それも、女性従業員に対して「ウチの会社はあなた方を大事にしますよ」というメッセージを送ったことになります。お客様と店頭で接する最前線の女性従業員に「あなたが大和証券なんです」と語りかけるというお話を聞いて、たいへん感動したことを覚えています。

池野 組織に対する帰属意識をどのようにして醸成するかという点で、非常に示唆深いエピソードですね。

牛島 おそらく、池野さんも同じようなお考えだと思うのですが、私も弁護士事務所の経営者という立場で思うのは、どうすれば仲間たちが満足して働くことができるか、ということです。

池野 顧客満足はもちろんですが、従業員満足は私も大事だと思います。結局、従業員を大切にすることが、お客様を大切にすることにつながります。

社員食堂をつくりたい

牛島 いうまでもなく、人生は仕事だけではないけれど、決して短くない時間をオフィスで過ごさなければならないのも事実です。もちろん、仕事ですから楽しいばかりではないにせよ、その時間が充実しているかどうかは、その方の人生にとっては重大な問題でしょう。働く時間を少しでも充実させるために私の立場で何かできるとしたら、躊躇なく実施したいとはつねづね考えています。

池野 それについて何か具体的な腹案をおもちでしたら、後学のためにもぜひ教えていただきたいですね。

牛島 たとえば、託児施設のようなものが実現できれば、小さなお子さんがいらっしゃる弁護士さんや従業員のみなさんは、女性も男性も、安心して働けるかなとは考えますね。そしてこれは私の昔からの夢なのですが、いわゆる社員食堂をつくってみたい。

池野 おもしろいですね。そうお考えになったきっかけでもあったのでしょうか。

牛島 きっかけというほどでもないのですが、弁護士さんたちの仕事ぶりを見ていると、みなさん忙しいからか、コンビニで軽食を買ってきて、とにかく胃の中に詰め込むという方も少なくない。当人はそれで存外、気にしていないのかもしれませんが、私の目にはどうにも気の毒に映りましてね。今日のお昼は何を食べようかなと楽しみに思いながら働くのと、時間に追われて栄養の摂取にしか気が回らない生活とは、やはりずいぶん違うと思うのです。その点、職場に食堂があったら便利でしょう。あまり時間を気にしなくていいし、同僚とのコミュニケーションの場にもなります。

池野 国際的にも活躍なさっている弁護士さんといえば、もっとビジネスライクでドライな世界かと思い込んでいました。

牛島 むしろアメリカでは食堂を設けている法律事務所が少なくありませんよ。ウチの食堂でメシでも食べながら打ち合わせをしよう、という感覚が、アメリカの方には好まれるのでしょう。

池野 オフィスの主役は人間ですから、当然そこには文化や風土が何らかのかたちで反映されますね。

牛島 私の友人で、長年コンサルタントをしているおもしろい男がいましてね。いつだったか、オフィスを新しくしたので遊びにきてくれと言うので訪ねたら、バーカウンターがあって驚いたことがありました。エントランスの片隅で、酒を飲むことができるわけです。我々は酒席の接待で仕事を獲得するというスタイルとは縁遠いので、そういう発想自体が出てこないのですが、そこで軽くお客様をもてなすのだそうです。そして、従業員同士が親睦を深める場にもなる。

池野 おもしろいですね。私も、オフィスとはこうあるべきだ、といった観念は、あまり気にしなくていいと思います。

牛島 平日の大半を過ごす場所ですから、たとえば畳敷きのスペースがあってもいいわけですよね。オフィスがコーポレートカルチャーの表現形態なのだとすれば、そこに経営者の哲学のようなものが感じられてもいい。裏を返せば、オフィスを見ると企業文化や風土がわかるのかもしれませんね。

池野 人はそれぞれ違う価値観をもっていますし、それでいいとは思うのですが、従業員の満足とは何かと考えるとき、やはり私は単に報酬さえ高ければ幸福になるとは思えません。もちろん、報酬は大事で、従業員には物質的にも豊かな生活を実現してほしいとは思いますが、お金ではない大切な何かがあるはずです。そんな考え方に共感してくれる仲間たちと一緒に、仕事を通じて幸福を実現できるような環境を整えたいですね。そういう意味でも、食堂というのは魅力的です。

牛島 ただ、池野さんはプロだからおわかりでしょうけれど、日本のオフィスビルではなかなか実現が難しいのですね。建物の構造的なことが理由ですか。

池野　いわゆる水回りの設備をつくるのは、じつは難しいんです。社員食堂とまでいかなくても従業員のために簡単なキッチンを併設したい、という要望をいただくケースも少なくないのですが、メンテナンスが必要なこともあって、なかなか実現しにくいのが実情です。

空き家を書斎に変える

牛島　かつて、私がまだ弁護士の仕事を始めて間もないころだったと思いますが、日本の大企業でも、当時、会長室や社長室には専用のトイレがあって、なかにはシャワールームが附設されていた部屋もあったように記憶しています。そういう場合は、建物を設計する段階から組み込まれているわけですか。

池野　おそらく、そうだと思います。

牛島　そういうことから考えると、結局のところ、快適な職場というのは自宅のようにくつろいで過ごすことができる環境なのでしょうね。そうすると、究極的な理想の職場はベッドの上ということになる（笑）。

池野　牛島先生も、寝転びながら本を読むのが至福の時間だと、エッセイに書いていらっしゃいましたね（笑）。ただ、今後はいわゆる書斎に相当するスペースが求められると思います。

牛島　ほう、どういう意味ですか。

池野　じつは、このコロナ禍で私どもでも在宅勤務を奨励したのですが、当初こそ通勤の必要がなくなって喜ぶ声が聞こえてきたものの、しばらく経つと、やはり仕事がやりづらいという不満が出てきました。事情を尋ねてみると、自宅に仕事用のスペースがないからなんですね。つまり、書斎がない。ですから、同居する家族がいる人は互いに気づかいが必要で、ひとり暮らしでも長時間、作業ができるような机も椅子もないから、仕事がやりづらい。

牛島　しかし、日本の住宅事情を考えると、書斎はかなりの贅沢品でしょう。

池野　おっしゃるとおりで、都市部の一般的なサラリーマン家庭ではなかなか難しいと思います。

牛島　そうすると、やはりシェアオフィスを利用することになりますね。

池野　現状では、それが現実的な選択肢ではあります。ただ、シェアオフィスはまだまだ限定的ですし、住まいの近くにはありませんから時間をかけて通勤しなければいけません。にもかかわらず、企業側は月額数千円程度の在宅勤務手当を支給するだけであとは各自が工夫して出社せずに仕事をしなさい、というのは、ちょっと無責任ではないかと思われます。

牛島　同感ですね。

池野　ですから、コロナ禍がいつまで続くのかわかりませんが、今後、在宅勤務というスタイルが一つの働き方として定着することを考えると、そうした時代にふさわしい新たなオフィスが必要になってきます。そこで、私どもは空き家を活用してはどうかと考えていて、いま実証実験も進めています。

牛島　空き家ですか。古くなった一軒家というイメージでしょうかね。

池野　近ごろ、住宅街に目立ちはじめた居住者のいない住宅ですね。そこをワーキングスペースにリフォームして、周辺に住んでいる方々のシェアオフィスにしてしまう。そうすれば、電車通勤の必要はありませんから、いわば隣家に書斎を設けるような感覚です。すると、そこが新たな地域コミュニティの拠点にもなります。それこそ、食堂やカフェ

を併設するなど何らかの工夫を加えることによって、空き家を拠点として、いまではほとんど失われてしまった地域の住民同士の交流を復活させることもできるのではないか、と考えています。

牛島　空き家の増加は社会問題化していますから、その解消にもつながって、いいアイデアですね。

池野　ご承知のとおり、空き家のまま放置されると火災の危険もありますし、防犯上もよくないですね。治安の面だけでなく、景観を考えてもマイナスの要素が大きい。セキュリティをどうやって維持するかといった課題はありますが、そうして空き家が活用できれば、きっと地域の活性化にもつながると思います。

アーティスト気質の経営者

牛島　それにしても目のつけどころがユニークですよね。どうしてそんなことを思いついたのですか。

池野　自分でもよくわかりませんが、おそらく気質ですね。子供のころから、他人と同じことをやりたくないという意識が強かったので、誰もやっていないような新しいことを想像するのが好きだったんです。その延長で、こんなサービスがあったら便利だろうとか、こういう仕事ができたら困っている人を助けることができそうだなとか、あれこれと想像するのが性に合っているのでしょうね。

牛島　アーティスト気質なんですね。ソーシャルアーティストだ。

池野　変わり者なんです（笑）。

牛島　池野さんのお仕事は、お客自身でさえ気づいていない需要を察知して、あなたはこういうサービスを求めていたのではありませんかと、目に見える形にして示してあげることなのかもしれませんね。つまり、潜在需要を顕在化させる役割を担っていらっしゃる。そういうお仕事は軌道に乗せるのが難しいでしょうし、世間の理解を得るまで時間がかかるかもしれない。でも、そうした役割の方がそれぞれに「志」を抱いてがんばってくださるおかげで、我々の社会はだんだん便利になってきたのでしょう。池野さんも、きっと大きな志をおもちなのだと思います。ますますのご活躍を期待しています。

池野　過分のお言葉で恐縮ですが、ご期待を励みに、より多くの方々に必要とされる会社になりたいと思います。貴重なご教示をありがとうございました。

第7章

第2の創業から四半世紀、わが社の軌跡

≫MACオフィス経営革新ストーリー

第1節

残り福

大和川をはさんで堺市と接する住吉区には、これといった繁華街もなく、古社のお膝元という土地柄もあるのか、大阪市内とはいえ、落ち着いた住宅街が多い。その一角に、いまも「丸池」という屋号を掲げた文具店がある。ＭＡＣオフィスは、この小さな文具店から始まった。

私自身にとっても思い出深い場所だが、もう何年も、私はここに足を向けていない。人づてに聞くところによると、現在も店舗は営業を続けているという。文具店を開いたのは、じつの親子ながら、いつしか疎遠になってしまった父と母である。

苦労知らずの少年

阿倍野区で紙類を扱う小さな商店の三男に生まれた父は、母と結婚すると独立して、隣区の小さな借家に丸池文具店を開いた。１９６６（昭和41）年のことである。

高度経済成長期という時代背景もあって、文具店は繁盛したらしい。ちょうど10年が経ったころ、１００メートルほど離れたところに土地を求め、父と母は職住一体の小さなビルを建てた。その屋上に上げられた朱塗りの大きな柱には、白文字で「丸池文具」の文字がくっきりと浮き立っていた。

移転した当時、幼稚園児だった私に借家時代の記憶は薄く、生家といえば、この4階建てのビルが思い出される。1階の店舗と2階の倉庫が大人たちの仕事場で、3階と4階が私たち家族の住まいだった。もちろん、エレベーターなどない。

長男とはいえ、7歳年長の姉がいて、末子の私はずいぶん過保護に育てられたらしい。文具の配達を担当していたふたりの「おじちゃん」たちにもかわいがられて、経済的にも何ら不自由を感じることがなかった。仕入れた商品を納めに来てくれる卸問屋の「おじちゃん」も、訪ねてくるたびに「坊ちゃん」「ボン」と声をかけながら、丸刈りの頭をぽんぽんと叩いてくれた。恥ずかしいかぎりだが、大学を出て人並みに就職するまで、私は周囲の人たちはみな自分の味方で、私に何かあればだれかが助けてくれると信じて疑わなかった。のちに振り返ってみると、苦労知らずの長男が社会人としてやっていけるのか、とくに母は気にかけていたように思う。

実際、私には少年らしい志もなければ、自分の将来に夢を描くこともなかった。いずれ家業を継ぐのだろうというぼんやりした意識はあったものの、そのときに備えて積極的に知識やスキルを身につけようとするような殊勝な心がけはなく、大学では単に好きだったから専攻した生物工学を学び、卒業すると、畑違いのシステム開発会社に営業職で就職した。そして、母の懸念が現実となった。

上司との幸運な出会い

私が社会に出た１９９４（平成６）年ごろの日本は、バブル景気が弾けたあと、やがて20年以上も続くデフレ不況へ突入していく転換期にさしかかっていた。さらに翌年には「ウィンドウズ95」が発売され、パソコンやインターネットが社会に普及しはじめる。いわば、世界史的な規模で時代が変わろうとする時期だった。

だが、当時の私にそんな意識はほとんどない。ＩＴ化の尖兵ともいうべき会社の営業部に配属された私は、あまり自覚のないまま、熾烈な競争社会の最前線へ、のこのこと這い出てきたのである。３カ月間の研修を経て、その夏、私は同期の仲間たちとともに「戦場」へと送り出されることになった。

ところが、そのころの私は営業部に何人かいた課長さんたちの目に、よほど頼りなく映ったらしい。彼らが新入社員の品定めをしていたとき、その場をプロ野球のドラフト会議に見立てたのか、見込みのある新人を順に「ウチにくれ」と指名していったという。そして、最後に残ったのが私であった。

「残り福というやつや」

にやりと笑いながら、のちにそう裏話を教えてくれたのは、どのチームからも指名されなかった選手を預かるはめになってしまった不幸な課長である。しかし、私にとって、それは幸運なめぐりあわせであった。

最も遅い「初受注」

私たちが扱う商材は幅広く、顧客企業のシステム開発を請け負うのはもちろん、財務会計や販売管理などの各種パッケージソフト、パソコン本体、周辺機器も販売した。新入社員にも当然、当初から予算が設定され、その達成に向けて、いわゆる飛び込み営業で新規顧客を開拓する。実力が数値化されるシビアな世界だった。

とはいえ、生来、楽観的なのだろう。そのころの私に切迫した緊張感は、あまりなかった。

営業という仕事を身近に感じていたからだろうか。

物心つくころから「商売」とともに育ってきた私にとって、仕事とは営業や販売のことであった。特別な気構えで臨む世界というより、日常の一部といった感覚に近い。そんな気安さもあり、商売人の息子というひそかな自負もあって、ひととおり経験してコツさえつかんでしまえば、それなりの成績は残せるだろうと考えていたのである。しかし、それが私の単なる錯覚でしかなかったことに気がつくまで、そう時間はかからなかった。

もうはっきりとは覚えていないが、同期の仲間たちは早々に実績をあげていたように思う。朝礼でそれぞれの担当課長から「初受注」が報告されるたび、部内には拍手が起こった。私も手を叩きながら、そろそろ自分の番が回ってくると思い込んでいたのだが、その機会はなかなか訪れなかった。

「おまえは難産やなあ」と、当初こそ揶揄しながら励ましてくれる仲間もいた。だが、7月が終わり、やがて盆休みに入って、明けてもまだ沈黙が続くと、そういう軽口さえ憚られるような重苦しい雰囲気に変わってきた。私は、自分が「腫れ物」になってしまったことを実感していた。

いま振り返っても、この時期ほど息苦しい日々はなかった。毎朝、目を覚ますと出社するのが苦痛で、営業に出るのはさらに苦痛だったが、依然として売上のないまま9月に入り、じりじりと焦りだけが募った。そして、ようやくにして売れたのは、パソコン用の増設メモリがわずかに1つだけだった。もちろん、同期のなかでは最も遅い「初受注」で、価格は2万円程度だったはずである。それでも売上には違いない。浮上のきっかけになってくれればよかったのだが、再び私は沈黙の海に沈んだ。

結局、社会人初年度における私の販売実績は、メモリのほか、20万円程度のワープロ1台と2万円ほどのパッケージソフト1本だけだった。しかも、それらは訪問先の企業でたまたま応対してくれたお客様が、個人で買ってくださったものである。われながら、見事な給料泥棒といっていい。

ところが、その年の春先あたりから自分でも驚くほど売れはじめたのだから、人生とは不思議なものである。前年の給料泥棒が、2年目には大阪支店に属する30歳以下のジュニアクラスでトップの成績を残したのだ。

好成績の要因は、いくつかある。最も大きな要因は、単に「サボらなかった」からである。身も蓋もないのだが、自分でも愚直に思えるほど、連日、訪問を繰り返したことに尽きる。多いときは1日に200件は訪問していた。そして、訪問先で入手した膨大な数の名刺をもとに、後日、片端から電話をかける。当時のことだから、公衆電話からである。当時の営業は外に出て訪問してきてナンボの世界、若手が社内で電話ばかりしていたら楽をしていると思われてしまう。私はとりあえず外に出て、公衆電話ボックスにこもって、自費で買ったテレフォンカードでひたすら電話を繰り返した。そうすると、おもしろいように受注が獲得できた。

苦しんだ日々は、いわば「種まき」の時期だったのである。すぐには結果が出なくても、怠らずに種さえまいておけば、そのうちどこかから必ず芽は出る、ということだと思う。

商談中のたばこの「間合い」

もっとも、そうしたことはあくまで表面的な要因で、真の要因は周囲の人たちの協力にあったのかもしれない。

ありがたいことに、直属の上司であった課長は、いっこうに結果を出さない私を厳しく叱りつけることもなく、私のやりたいようにやらせてくれた。他人に命令されることを嫌う私の性格を見抜いていたのか、一種の放任主義で、黙って私を見守っていてくれたのである。不甲斐ない新人をもどかしく感じていたに違いないのだが、おかげで私は自分のスタイルを貫くことができた。もし、当時の上司が高圧的な管理型のマネジメントをしていたら、私は2年目を迎える前に潰れていただろう。

また、営業部の先輩やシステムの構築にあたってチームを組んで動くエンジニアたちにも助けられた。効果的なタイミングを見計らって同行してもらい、私の経験や知識の不足を補ってもらったのだ。同行をお願いするたび、上司も先輩も「おまえはほんまに人づかいが荒いなあ」と苦く笑いながら、腰を上げてくれた。

なかでも私が営業マンとしての手本にした先輩には、じつに多くのことを教えられた。たしか年齢は3歳しか離れていなかったから、そのころ先輩も20代の若者だったはずなのだが、すでに結婚し所帯を構えていたせいもあってか、私には年齢以上に大人びて感じられた。おそらく、それは右脳型で感覚派の私とは違い、先輩がロジカルな左脳型だったからだろう。ＯＪＴで同行した際に先輩の提案を隣で聞いていると、理知的で冷静な話しぶりもあって、この人に任せていれば間違いないと思わせる安心感があった。

態度も堂々としたもので、あるとき、商談中にもかかわらず、先輩がたばこを吸いだしたときには驚いてしまった。手際よく仕事をとりまとめて訪問先を出た先輩に、私はお客様に対して失礼にならないのか、と尋ねてみた。

すると、先輩は「間や、間」と短く答えた。

「ええか、池野。商談というのは、お客さんとの真剣勝負の場や。柔道でも剣道でも、大事なのは相手との間合いを見きわめることなんや。おれはたばこを吸って、そのタイミングを計っとる。こんど、おまえもいっぺん吸うてみい」

そう言って、「ただし、相手を見て吸えよ」とアドバイスしてくれた。

「相手を見て、ですか」

「そうや。さりげなく周りを観察せなあかん。よう見たらわかる」

言われてみれば、先輩がたばこを取り出すのは、決まって来客用の灰皿が置いてある応接室や相手が先にたばこを吸うときだけだった。間もなく、私もお客様の前でたばこを吸うようになった。

渦中にいるときには精神的に追い詰められたが、のちに振り返ってみると、社会人1年目の苦しい時期がなかったら、私は他人の気持ちに無頓着な自分本位の人間として、その後も年齢だけを重ねていたと思う。私は、幼いころから、たいていのことは周囲の大人たちがお膳立てをしてくれる恵まれた環境に育った。自分はつねに忖度される側であって、私が周囲の人たちの気持ちを推し量る必要を感じなかったのだ。

そういう人間が、他人と望ましい関係を築けるはずがない。まして、相手の立場で考えることこそ仕事の本質といってもいい営業マンにとって、それは致命的な欠陥といえた。

商売人の家庭で育ちながら、自分は商売の何をも知らなかった。そう気づくことができたのは、私の人生にとって最大の収穫であった。そして、相手の立場で考えることの大切さを身にしみて実感できたことを思うと、毎日、いっそ消えてしまいたいとさえ願ったあの日々も、ありがたく思い出される。

「戻ってきてくれへんか」

もがき苦しんだ1年目から一転して、一気に結果が伴いはじめると、営業ほどおもしろい仕事はないと思えるようになった。毎月、成績優秀者として表彰されたから、周囲の賞賛が自信になる。自信がつけば、おのずと言動にも力強さが出てきたはずで、お客様にも「任せてみようか」と思ってもらいやすくなったのではないかと思う。まったく現金なものだが、人間とはそういうものだろう。

だが、そうして仕事がうまく回りはじめた矢先、私は会社を辞めることになった。家業を継ぐためである。

「戻ってきてくれへんか」

あるとき、母は私にそう言った。おや、と感じたのは、微量ながら、そこに弱音が混じっていたからである。気丈な母には、めずらしいことだった。

当時、父は還暦を超えていたものの、母はまだ50代半ばである。配達員の「おじちゃん」

たちも健在で、短期大学を卒業してから家業を手伝っていた姉もいた。仕事内容を考えても、体力面で老いを感じる場面が多いとは思えない。きっと、経営状態が思わしくないに違いない。そう感じて、私の気持ちは揺らいだ。

もっとも、たとえ経営が苦境に追い込まれていたとしても、私に何かができるとも思っていなかった。私には、特殊技能もなければ、専門知識もない。ようやく、営業マンとして独り立ちできたにすぎないという自覚だけはあった。つたない私のわずかな経験が、家業の役に立つのかどうか。正直なところ、しばらくの間、ずいぶん迷った。だが、知らぬ顔を決め込むことはできなかった。

大変お世話になった上司からのたっての慰留で約1年を過ごしたのち、１９９６年秋、私はシステム開発会社を退職して、家業の文具店に戻った。終わってみれば、２年７カ月という短いサラリーマン生活であった。

第2節

丸池文具店

ＪＲ阪和線の杉本町駅は大阪市立大学の最寄り駅で、駅の利用客には学生が多い。同駅から歩いて5分ほどの距離にある丸池文具店にも、よく「市大」の学生が文具を買いにきてくれた。また、近くには中高一貫校が2つあり、目と鼻の先に小学校もあって、文具に関する安定した需要が経営を支えてくれていたのだろう。家業は、まさに地元の方々のおかげで成り立っていた。

8000万円もの借入金

生まれ育った地域だけに、近くには幼いころからの友人たちもいて、そうした環境で働けることは幸福であった。だが、家業の文具店をあらためて自分の職場として眺め直してみると、それまでとのギャップはあまりに大きく、おおいに戸惑ったものである。

そもそも、事務処理のためのスペースさえほとんどなく、デスクも椅子もない。当然、パソコンやプリンターといった洒落《しゃれ》たツールなどあるはずもなく、見積書や納品書を手書きで作成するときは、お客様にご利用いただくために置かれていた唯一のＯＡ機器である、コピー機や文具の陳列台をデスク代わりにしていたらしい。要は、手近なところに平らな部分を探して、立ったまま事務作業をしていたのである。

そのころ、何かの拍子にお客様の会社で廃棄処分にされるデスクと椅子があると聞きつけた私は、それらを譲り受けることにした。そして、前職の後輩に連絡してパソコンとプリンターを安価で調達し、店舗の一部を執務スペースに改装すべく、クロスと床材を張り替えた。不揃いな灰色のデスクが４つも並ぶと、急づくりの「オフィス」はずいぶん窮屈だった。廃棄される寸前であやうく救い出された椅子は、少しでも体を動かすと、どれもキィキィと耳障りな音を立てた。

つまり、サラリーマンを辞めた私が最初に手がけたのは、自分の職場環境を整えることだったわけである。のちのＭＡＣオフィスを思うと、どこか因縁めいた気もして、思わず苦笑してしまう。

それからほどなく、私は最も気がかりだった財務状況を調べてみた。父や母から事情を聞いても、厳しい状態であることは間違いなさそうだった。だが、毎月の収支や借入金の累計など、正確な数字は誰も把握していなかった。私は、税理士とも相談しながら、しばらくの間、帳簿の整理に専念した。

そうして判明したのが、約８０００万円にのぼる借入金である。しかも、もう何年も赤字が続いていた。その瞬間も、ぽたぽたと血が滴り落ちていたわけである。私がやるべきことは、何よりもまず出血を止めることだった。

初月給は10万円

社会に出てまだ数年しか経ておらず、もちろん会社の舵取りなど経験のない私は、間違いなく未熟だった。だが、このとき私がまず人件費を抑えるべきだと考えたのは、常識的な判断だったと思う。仮に、現在の私がそのころと同じ立場に立たされたとしても、同じ判断をするだろう。それほど、当時の父と母、そして姉の給与水準は業績に見合ってはいなかった。

ただし、それは3人が強欲であったからではない。身内のひいき目で言うわけではないが、父も母も姉も、物欲が特別に強いわけでもなければ、取り立てて贅沢な生活を望んでいたわけでもなかった。給与に理由らしい理由はなかったはずで、あえて理由付けをするなら、単に「それまでそうしてきたから」ということでしかなかったのではないか。昨日より今日、今日より明日がよかった時代を生きてきた父と母にとって、それは自分たちが身をもって証明してきた経験則であった。

また、結果として放漫経営を続けてしまったことは否定できないものの、これとて経営者としての素質や能力だけに原因を求めるのは、やや酷だと思う。実際、父と母には堅実な面もあって、バブル景気のころにも不動産や有価証券などの儲け話に、いっさい乗ることはなかった。

ただ、家族経営の小さな商店では、会社と個人をきれいに分けるのは難しい。資金不足に陥れば、個人資産を手放して現金をつくるのが経営者である。融資に際しては、必ず経営者の個人保証が求められた。悪質な公私混同は指弾されるべきだが、現在の世の中でさえ、ある種の「どんぶり勘定」はめずらしいことではないのだ。まして、そのころの社会通念に照らし合わせれば、父と母に杜撰さをとがめられなければならないほどの倫理的な逸脱があったとは、とうてい思えない。

しかし、当時の私にそうしてゆっくり考えをめぐらすだけの余裕はなかった。もし、もう少し腰を落ち着けて熟慮するだけの時間と精神的なゆとりがあったら、結論は変わらなかったにせよ、もっと慎重でやんわりとした説得を心がけたかもしれない。だが、私は抜き身の刀を手にしたまま、無遠慮に踏み込んでしまった。

業績に不釣り合いな３人の給与を下げるべきだ――。

思い切って、そう提案したのである。もっとも、父と母の年収を合わせれば、一般的なサラリーマン家庭の年収分には十分に達する額を提案した。姉についても、事務職としての世間相場を下回る水準ではなかったはずである。

そのうえで、私自身の給与は思い切り低く抑えた。まだ養うべき家族がいなかったこともあり、自分自身に設定した月給は10万円である。前年の年収は、およそ５００万円だった。家族とはいえ、年長者に対して我慢を求める以上、私自身が率先して身を切るのは当然だと思ったのだ。同時に、自分に対して本気かどうかを問いかける意味もあった。おおげさではなく、家業の再生に命を賭ける覚悟があるのなら、不満はないはずだった。

ちなみに、このときもそれ以降も、配達員の「おじちゃん」たちの給与は下げずに済んだ。そのことも含めて、私の提案は異論を差しはさむ余地のない、まっとうなものであったと思う。ところが、残念ながら、３人にすんなりと理解してはもらえなかった。

私には、そのことが不思議でならなかった。丸池文具店を守りたいのなら、もう借入金を増やすわけにはいかないのだ。なぜ、それがわからないのか。家族が力を合わせれば、このピンチは必ず乗り越えられる。私は、言葉を尽くして説得に努めた。しかし、私に向けられた３人の硬い表情が崩れることはなかった。

とはいえ、私も引き下がるわけにはいかない。最終的には、私が主張を押しとおすかたちで、不承不承な父と母の妥協を引き出すことになった。

これにより、家業は再生に向けた一歩をどうにか踏み出したことになる。だが、それは家族が崩壊へと突き進んでいく痛恨の一歩でもあった。私たちの間には、それ以来、目には見えないが、深く、絶望的な溝が刻まれてしまった。

ネット通販という「黒船」前夜

ＳＮＳとともに育った若い世代の方々にとって、インターネット黎明期の世相はなかなか想像しづらいだろう。いわゆるネット通販の利便性など、当たり前すぎて、意識したこともないに違いない。だが、そうしたビジネスが広く社会に認知されはじめた当時、近い将来、多くの仕事が消滅するのではないかと話題になった。昨今のＡＩに対する反応と似ている。

文具業界においても、当時、ネット通販は「黒船」であった。アメリカで市場を席巻しつつある会社が日本にも進出してくると騒がれ、国内でも、いわゆるネットベンチャーが続々と生まれていた。ただ、１９９０年代半ばの日本はまだインターネット環境が十分ではなく、のちに大企業へと成長するアスクルなども、文具の通信販売はまだカタログにとじ込んである専用用紙を使い、ファックスで注文を受けるのを基本としていた。同社がネット通販に乗り出したのは、１９９７年の春である。

そうした動きを遠くに眺めつつ、私が日々考えていたのは、この小さな文具店を潰してはならない、ということだけだった。

奇しくも、私が丸池文具店に戻ってきたのは、創業からちょうど30年目の節目であった。いわゆる「企業寿命30年説」にしたがえば、そろそろ社会から退場しなければならない時期である。

実際、たいていの文具ならコンビニやスーパーでも買えたから、すでに専門店の存在意義は昔より小さくなっていた。そこへ追い討ちをかけるように登場してきたカタログ通販の台頭によって、文具店だけでなく、小さな商店の多くは淘汰されると予測する声もあった。そうした妙な符合に危機感をあおられて、あれやこれやと考えるより、とにかく走り出すことだと思っていた。

いまでも覚えているのは、ちょうどそのあたりのころ、姉と協力して独自のカタログをつくったことである。アスクルのカタログ通販をまねたのか、店の売れ筋を中心に文具をピックアップして掲載した。といっても、スキャナーのような便利なものはないから、文具メーカー各社のカタログから該当する部分を切り抜いて、いちいち貼りつけていくのである。そうして厚みが2センチくらいはあろうかというカタログができあがると、近隣の会社を飛び込みで訪問し、新規顧客の開拓に努めた。

もうあまり覚えていないのだが、そのカタログを見たお客様から、それなりの注文はいただいたように思う。少しでも売上が伸びるのはありがたく、がんばった甲斐があったと姉と喜んだものだが、そのうち喜びもさめた。借入金を思い出したからである。

そのころ、一般的な事務職の方が消費する文具は、1人1カ月あたり2000円程度といわれていた。10名が働く事業所なら、毎月2万円の売上になる。だが、定価販売の時代はとうの昔に終わっていた。たとえば3割引で販売したとしたら、いったいどれほどの利益が手元に残るのか……。

そう考えると、気が遠くなってしまったのだ。もちろん、小口の商売をおろそかにしていいはずがない。だが、業務効率をもっと上げなければ、莫大な額の借入金を完済することは不可能だと気づいたのである。

以来、大量の文具が消費される場所はどこかと、私は朝から晩までそればかり考えるようになった。誰もが思い浮かべるのは、梅田や難波のオフィス街だろう。だが、配達先としては離れすぎていて、現実的ではなかった。いっそのこと、黒船にならって文具のネット通販に挑戦してみるかとも考えたが、システムを構築するどころか、パソコンすら満足に買いそろえられない状況では、はるかな夢物語であった。

そのうち、私が目をつけたのは病院と学校である。もちろん、そこに大きな需要があることくらい前からわかっていたが、いずれも公共施設だけに、文具メーカーと直接の取引があったり、大手の卸会社がしっかりと押さえているなどで、私たちの入り込む余地はないと思い込んでいたのである。

ところが、あるとき、必ずしもそうではないことがわかった。たしかにそれぞれに特定の業者が出入りしてはいるのだが、緊急に補充が必要になった場合など、イレギュラーな需要にわざわざ対応する業者はあまりいなかった。こんなところで手を抜いたからといって、他社に顧客を奪われるわけではない。顧客の側も「昔からここで購入しているのだから」と、付加価値を求めることも少なかったように思う。顧客は「注文したものを持ってきてくれるだけの業者から購入する」、業者は「注文してきたものだけを納品する」ことで長年の取引が成立しているように思えた。

単なる納入業者でなく、アウトソーシング先としてきめ細やかな対応を心がければ、私たちにもチャンスはある。最初は小口の商売でも、やがて大きな注文をいただけるかもしれない、と期待した。

何より、病院や学校なら、売掛金の回収に関する心配はほとんどないと考えていい。一般企業と違って、受付で野良犬のように追い払われる可能性が低そうな点も、私には魅力的だった。

病院を攻略できた理由

もともと近隣の学校とは小口の取引があったが、病院とのおつきあいはほとんどなく、訪問するうちにわかることも少なくなかった。

たとえば、文具に関して顕著な需要があるのは、やはり大病院だった。当然といえば当然なのだが、需要の大きさは病院の規模、すなわち病床数に比例する。私は、商工会議所を訪れ、大阪府下にある全病院の病床数を調べて、１００床以上の総合病院をすべて訪問することにした。総合病院にねらいを絞ったのも、単科病院よりも外来患者が多いため消耗される文具の需要が多いからで、外来患者の少ない精神科ではほとんど文具の需要がないことも初めて知った。

「営業は、断られたときから始まる」とは、営業のレジェンドとして知られるＥ・Ｇ・レターマンの言葉だが、病院と学校を訪問しながら、私はかつて何回反芻したかしれないこの言葉を思い出した。門前払いこそ少なかったものの、たいてい「ウチは近くの○○堂さんにお願いしているから」と、まともに取り合ってはもらえなかった。だが、それでもひるまなかったのは、それだけ必死だったからだろう。

怒られるまで、訪問してみよう――。

私は、そう思っていた。担当者の人柄を想像して、この方は何回目の訪問で怒るだろうと予想するのは、どこか心理ゲームのような感覚だった。

そうした前向きな考え方が奏功したのか、幸いにして、訪問先で叱りつけられることはなかった。やがて、叱られるどころか、少しずつ注文をいただけるようになった。うれしさはもちろんだが、これでなんとか助かった、という安堵感のほうが大きかったことを覚えている。

少しずつではあっても注文をいただけるようになったのは、まず価格で切り崩したからだと思う。訪問を繰り返していると、仕方がない、と相手の態度が微妙に軟化する瞬間がある。その瞬間、私は根くらべに勝ったことになる。すかさず、私は５％のコスト削減を約束した。つまり、それまで○○堂が１００円で売っていたペンを95円で売ります、と提案したのである。よほど強いしがらみでもないかぎり、ほとんどの担当者は丸池文具店を選んでくれた。

さらに、お客様との距離を縮めるうえで、値引き以上に効果があったのは、パソコンの設定などを引き受けたことである。パソコンのメモリを増設したり、ハードディスクを交換したり、今でいうP2P（ピアツーピア）で複数台のパソコンをつなげる程度の知識はあったため、私が個人的なサービスとして代行したのだ。

当時はまだパソコンの扱いに慣れた人が少なく、しかもパソコンと周辺機器を接続する際には、少しやっかいな設定が必要だった。うまく設定できずに困っている、という話を聞きつけた私が「手伝いましょか」と申し出ると、ずいぶん喜ばれたものである。もちろん、無料のサービスである。

すると、そのうち私を重宝に思ってくれたのか、パソコンを購入したいという相談がいくつも寄せられるようになった。私は、それでお客様が喜んでくださるならと、ＯＡ機器も扱うことにした。それ以降、家業はＯＡ機器も販売する文具店へと、ほんの少し姿を変えたことになる。そして、高価な商材を扱うようになったこともあり、売上は伸びた。

このとき病院や学校を開拓できたのは、ひとえに私の営業力の賜物であると胸を張りたいところだが、残念ながら、おそらく違う。そのころの文具業界には、そもそも新規開拓という発想が薄かったのだ。私も当初、思い込んでいたように、既存の取引関係ががっちりと固まっていて、新参者が入り込む余地はないと考えるのが「常識」だったのである。そこへ常識知らずの若者が現れて、まるでオセロゲームのように盤上の石を裏返していった、というのが真相ではないか。

さらに、少し俯瞰して眺めてみれば、カタログ通販の勃興や流通構造の変化によって、当時の文具業界は転機にさしかかっていた。その変わり目に、運よく私はめぐり合わせたともいえる。

期せずして変化の波に先駆けることになった新規開拓は順調に成果をあげ、丸池文具店の経営は危機的な状況を脱して、回復の軌道に乗っていった。

第3節

イノベーション

商店街という存在は、いまや全国的に衰退してしまったが、私が家業に戻ったころは、まだかろうじて踏ん張っていた最後の時代かもしれない。どの商店街にも、1つや2つは文具店があったものである。

鉛筆や消しゴムを細々と商う様子に接して、いったいどれほどの利益があるのかと不思議に思った方もいるのではないだろうか。ご存じのように、文具の価格はせいぜい数百円程度で、店舗においては小さな商売といっていい。

だが、法人のお客様との関係に目を転じると、見え方が変わってくる。生活必需品と同じく、文具も日常的に消費されつづけるため、需要が継続するのである。つまり、今月の売上が10万円だったお客様からは、来月も、半年後も、来年も、同じだけの売上が見込めるストック型の商売なのだ。今のような多岐にわたる販売チャネルがなく安定した需要があった時分は、固定費さえ抑えられれば、文具店は収益性の高いビジネスだった。

それだけに、ある病院からの１カ月間の売上が、文具だけで１００万円を超えたときには、父も母も姉も、そして私自身も、少なからず驚いてしまった。さらに、のちにその病院からの月商は３００万円に達している。７００床はあろうかという大病院で、数百人もの方々が働く職場だから当然ではあるのだが、実際にその数字を目にすると、逆に病院経営の苦労を思ったものである。同時に、仕入れの量が大幅に増えたことで、仕入れ先からの評価も一気に上昇し、まさに新規開拓の手応えを感じて、家業が一段上の次元にステップアップしたような気がした。

病院や学校の開拓に取り組むようになってしばらく経つと、私だけではどうにも手が足りなくなって、丸池文具店は従業員の採用に踏み切った。私が家業に戻ってから４年後の２０００年、売上は当初から倍増して２億円を超え、新たに２名が従業員に加わっていた。

初めてのレイアウトプランニング

人手が増えても、相変わらず私は忙しかった。購入していただいたパソコンのセットアップなどの依頼が根強くあって、その延長線上で、何かと「池野くん、ちょっと来てくれへんか」と、気安く声がかかったからでもある。お客様から見れば、私は「便利屋」であった。

とくに取り柄があるようにも思えない自分が誰かの役に立っている、という実感があったから、便利づかいされようと、私自身、声がかかることはうれしかった。ただ、ときに私が文具店の人間であることを忘れているのではないかと思うような相談もあって、戸惑った。私のほかに出入りする業者はいないのかと、不思議に感じたものである。

たとえば、ある短期大学からミシンを80台買いそろえたい、という相談があった。担当者は、どこへ連絡して手配すればいいのか見当がつかない、と言う。それなら私が探してみましょうかと提案すると、

「ついでに、見積もりもお願いするわ」

と、私が見積もりを提出することになって、結局、文具店の商材とは言いがたいミシンを納めることになったのである。同じような相談はほかにもいくつかあって、そのつど私は仕入れ先を探すことから始めていった。

そうしたなかに、のちのMACオフィスへとつながっていくきっかけとなった相談があった。ある病院で部署が新設されることになり、新しい事務室に設置するオフィス家具の配置について相談されたときのことである。

「池野くん、どない思う?」

「何がですか」

購買担当の課長は、その準備責任者だった。

「いや、デスクと書類棚を新しい事務室にどう配置したらええもんかと思てな。コピー機は、入口に近いほうが使いやすいんやろか……」

独り言のようにそう言いながら、課長は困っているようだった。

「そうですねぇ、病院内なんでコピー機はセキュリティカードで管理して廊下に設置したらええと思いますけど……、よかったら、いっぺん図面を引いてみましょか」

私がそう伝えると、課長は「そら助かるわ」と満足そうだった。そうして、私が新部署のレイアウトを考えることになったのである。1室の広さは15坪もなかったと思う。

このとき、私がレイアウトプランニングを買って出たのは、困っている課長の役に立ちたかったという単純な動機からなのだが、じつは少しばかりの私心も混じっていた。興味があったのだ。

どういうわけか、私は小さいころから部屋の模様替えが好きだった。ベッドや机の配置を変えるだけで、気分も変わる。もちろん子供の遊びで、狭い部屋の中でテレビやタンスの位置を入れ替える程度でしかないのだが、それでも自分の部屋が違って見える感覚が好きで、季節が変わるごとにゴソゴソと家具を動かしては楽しんでいた。仕事の合間を見計らって手を貸してもらうたび、父は「またかいな」とあきれ顔で家具の移動を手伝ってくれたものである。

いわば、私の個人的な嗜好もあってレイアウトプランニングに取り組んだのだが、小さな事務室の簡単な配置とあって、デザイン的なセンスが求められるわけではない。さほど悩むこともなくレイアウト案がぱっと思い浮かぶと、手書きでささっと線を引いて、用意した紙に頭の中のイメージを写し取った。それを清書して課長に提出すると、いったい何がよかったのか、その場で採用が決まった。

さらに、そうした経緯のおかげで、オフィス家具も発注していただけた。最終的に、その案件は１００万円ほどの売上になった。

これはビジネスになる——。直感的に、そう思った。

付加価値で勝負がしてみたい

そのころ、オフィスのレイアウトを提案してくれるようなサービスは、まだ存在しなかったのではないだろうか。必要があれば、総務の担当者がレイアウトを考えて、ふさわしいオフィス家具を見繕う、というのが一般的であった。

だが、そういった仕事は見た目以上に手間がかかる。しかも、担当者がどれほど苦労しても、狭いだの、使いづらいだの、たいていは不満の声が上がる。担当者にとって、あまり楽しい仕事ではなかったはずである。

ところが、私には楽しくてたまらなかった。頭の中に空間を思い描き、そこにモノを配置して、さまざまなパターンの部屋を想像すること自体が愉快なのである。一種のパズルのような感覚といっていい。

さらに、私が徐々に感じはじめていた気持ちの変化も、そうしたひそかな楽しみを後押ししていた。従来の仕事に対して、私は限界を感じつつあった。

文具であれ、ＯＡ機器やオフィス家具であれ、私が扱ってきた商材には必ず定価が設定されていた。製品の品質が、一定の水準で維持されているからだ。つまり、誰から買っても品質に変わりはないのである。

すると、必然的に価格競争が起こる。私は、そうして安売り競争を宿命付けられた世界に対して、関心を失いつつあった。値下げすることで売上が伸びても、以前のような達成感や高揚感は得られなくなっていたのだ。値段ではなく、価値で勝負がしたかった。いつしか、私は自分にしかできない価値を生みだすことで、お客様に喜んでいただく仕事がしたい、と思うようになっていた。

加えて、そろそろ商いの天井が見えはじめたことも一因だったと思う。病院や学校の新規開拓にひととおりの区切りがついて、今後、売上が伸びる余地がどれだけ残されているのか、ほぼ見当がつきだしたのである。

広い社会に目を向けると、オフィス街にはまだ大量の需要が期待できた。病院や学校の次は、そちらに目を向けるのもひとつの選択肢ではあったが、公的な施設と一般企業とでは、攻略法が異なる。もし梅田や難波へ進出するのなら、これまでとは違う戦略が必要だった。

いずれにせよ、それまで丸池文具店を再生へ導いてくれた軌道が、そう遠くない将来、終点に達することは明らかだった。その後の進路をどうすべきか、いずれ決断を迫られるときがくる。私は、まだ誰も踏み入ったことのない原野を切り拓いて、そこに自分だけのレールを敷くつもりだった。

元の木阿弥

その後も売上は順調に伸びて、２００２年には3億円に迫っていた。6年間で、ほぼ3倍に拡大したわけである。文字どおり、脇目もふらずに必死で走りつづけてきた結果であった。もっとも、月給10万円では遊ぶ余裕がなかった、というのが実態かもしれないが、蓄財にはほとんど関心がなかったこともあって、結果的に3年間、そのまま据え置いた。その後、さすがに低すぎると思って一気に3倍に上げたが、それでもサラリーマン時代の年収にもおよばない。われながら、薄給にしては働いたと思う。だが、その先に待っていたのは褒美ではなく、思わぬ落とし穴だった。それも、いつの間にか私自身がせっせと掘り進めていた穴に落ちてしまったのである。

何の兆候も感じていなかったから、まさに寝耳に水といっていい。あるとき、私が採用した従業員のひとりに「話がある」と呼びとめられた。何の相談かと話を聞いてみると、退職の申し出であった。

理由を尋ねると、彼は言い淀んだ。どうやら、私の問題だった。

そうなのか、とたしかめてみると、あなたのような人にはついていけない、と言う。人手が減るのは困るが、正直なところ、去りたければ去ればいい、と思った。

ほどなく、もうひとりの従業員に呼びとめられた。まさかとは思ったが、彼も私に退職を告げた。念のため理由を尋ねてみると、やはり私の問題であった。そのときも、私は彼を慰留する気にはなれなかった。

私にとっては初めての採用だったこともあり、彼らの成長を期待していたのだが、ふたりとも私に嫌気がさして、あっさりと去っていった。丸池文具店は、再び私たち家族4人と配達員の「おじちゃん」たちの6人所帯に戻った。

元の木阿弥とは、こういうことをいうのだろうかと、しばらくの間、私はぼんやり考えていた。

松下幸之助翁に教えられたこと

かつての自分の未熟ぶりは思い出すのも恥ずかしいが、そのころの私には経営者としての自覚がなかった。マネジメントに関して、無知すぎたといっていい。

とにかく、売上を伸ばすことに必死だったというと言い訳がましいのだが、事実、そのことしか頭にないと批判されても仕方がない状態だった。私にできることがなぜできないのか、と毎日のようにいらだち、黙って私の言うとおりにすればいいのだ、と頭から彼らを押さえ込んでいた。辞めたくなるのも無理はない、といまでは思う。

しかし、そのころの私は経営者としてのふるまいなど、意識もしなかった。従業員がそろって辞めたことについても、私に問題はあったにせよ、それほかりでもないだろうというのが、当初の率直な気持ちであった。

だが、あらためて考えてみれば、私自身を見直すにはいい機会だと思えてきた。私に問題がある、とふたりが口をそろえて指摘するのである。彼らの側に問題があろうとなかろうと、まずは私が未熟を反省すべきだったのだ。

そう気づいてみると、私は経営者として勉強らしい勉強をしてこなかったことに思いいたった。そんな経営者のもとで、会社が成長するはずがない。従業員が優秀ではないとすれば、それは経営者が優秀ではないからなのだ。いま、私が自分自身と真摯に向き合わなければ、今後、いくら従業員を採用しても、同じように離れていくに違いなかった。そんなことを繰り返していては、誰も幸せにはなれない。

私は、具体的にどうすべきだったのか、何をどう変えるべきなのか、指針となるものや手がかりが欲しかった。しかし、私の周囲には経営者としての手本となる師匠も、助言を与えてくれる先輩もいなかった。

そこで、私が探し出した師匠が松下幸之助氏であった。タイトルが気になり、書店でたまたま手に取ったのが、松下氏の『指導者の条件』という書籍だった。初めて読んだとき、目を見開かされる思いがしたことをいまでもはっきりと覚えている。従業員がいてくれてこそ自分も働けるのだと、頭では理解しているつもりだったが、松下氏の言葉を読むと、実感として腹に落ちた。

以来、松下氏の著書を中心にマネジメントや経営に関する書籍を読んで、経営者としてのあり方を勉強するようになった。読めば読むほど、自分のいたらなさを痛感したものである。

また、読書で得られる知識だけでは足りないと、講演会やセミナーに参加してみたり、異業種交流会にも顔を出してみた。現役の経営者には共感を覚えることも多く、いい刺激になったと思う。

辞めていった彼らには申し訳なかったが、従業員の離脱は、結果として私を成長させてくれた。人間万事塞翁が馬、ということだろうか。

第4節

東京への進出

担当課長の役に立てば、という軽い気持ちで引き受けたレイアウトプランニングが、思いがけず１００万円ほどの売上につながったことは、従来の仕事に限界を感じはじめていた私をおおいに勇気付けてくれた。丸池文具店の将来を考えるうえでも、それは重要な示唆になったと思う。その後、ほかの病院でも事情を探ってみると、レイアウトプランニングにかぎらず、さまざまなニーズが潜んでいることがわかった。

たとえば、事務室のクロスやカーペットの張り替え、壁面塗装といった改装にまつわる需要である。また、デスクや椅子の新調・修理のほか、看板の製作、手狭になったカルテ保管庫の調達といった病院ならではのニーズもあった。ようやく従業員がひとり補充できたかどうか、という時期だけに人手は足りなかったが、そうしたニーズを丁寧にすくい上げていけば、新たな事業の柱へと成長する可能性は十分にある。

インターネットに着目して、いわゆる集客サイトを開設することになったのは、そんな見込みからだった。２００３年のことである。

ホームページ開設を提案

お客様の新規開拓まではとうてい手が回らなかった当時、ホームページは魅力的な集客ツールだった。いったん開設してしまえば、こまめに情報を更新する必要はあるものの、基本的にはあまり手がかからない。しかも、お客様のほうからこちらへアプローチしてくれるのだから、これほどありがたいツールはなかった。

もっとも、いまでこそホームページの効果を否定する人はいないが、そのころは未知数であるというとらえ方が一般的だった。大企業でさえ申し訳程度につくったホームページが少なくない時代で、インターネット人口そのものが少なかった。たとえ魅力的なサイトができたとしても、はたしてどれほどの訴求力があるのかというと、首を傾げざるを得ないという雰囲気だったと思う。

それでいて、制作には１００万円ほどかかるというのだから、丸池文具店にとってはなかなかの冒険である。正直なところ、私もコストに見合うだけの効果があると言い切る自信はなかった。

だが、チャレンジする価値はあると思っていた。すぐには効果があらわれないかもしれないが、インターネットの将来性を見据えたとき、決して無駄にはならないような気がしたのである。現段階では、海のものとも山のものとも知れぬホームページだが、つくってさえおけば、いつか必ず役に立つ。そう信じて父と母に提案したのだが、案の定、母から物言いがついた。

当社の原型はネット鉱脈で生まれた

じつは、それまでにも経営をめぐって父と母とはたびたび意見が衝突し、そのたびに親子関係にも亀裂が生じていた。そして、それはほとんど修復が難しい段階にまで達していた。この1、2年の時期に、会社の権利をめぐって父に訴訟を起こされたほどである。

どんな理由があったにせよ、親が子を法廷へ引きずり出そうというのだから、もはや常識的な感覚では理解に苦しむ世界といっていい。だが、そうせざるを得ないほど、父にとって私は、すでに言葉も気持ちも通じる相手ではなかった、ということなのだろう。フランス革命のころ、囚われた王妃マリー・アントワネットは一晩で髪が白くなったといわれるが、私も当時、32歳にしてあっという間に真白な頭になってしまった。

そうした断絶を招いた原因は、もちろん単純なものではないのだが、ホームページ制作に関する見解の相違でも明らかなように、それは世代間の溝であり、互いがめざすゴールの隔たりでもあったように思う。

私には、父と母がかつての繁盛店を取り戻そうとしているようにしか見えなかった。私が提案する新しい取り組みに対して、ことごとく反対してきたのは、父と母が過去にしがみついているからだと考えていたのである。だが、言うまでもなく、時計の針を戻すことはできない。昭和の繁盛店を再現しようとするのは、私にとって、みずから破滅へと追い込む道でしかなかった。

一方、父と母の目には、私こそが破滅へと向かって突き進んでいるように映ったのではないだろうか。そもそも、サラリーマンだった長男を家業へ呼び戻したのは、文具店としての再建に力を貸してほしかったからである。ところが、戻ってはきたものの、それまでの苦労に対するねぎらいがないばかりか、年長者に対する敬意さえ感じられない。そのうえ、次から次へと新しいことに手をつけて、夫婦が半生を賭けて大事に育て上げてきた丸池文具店は、すっかり奪い取られてしまった——。そんな憤りが、私に対してつねに向けられていたような気がする。

その挙げ句、こんどは何やらあやしげなものに１００万円もの大金を投じようとしている。

みすみすドブに捨てるようなものだと母が考えたとしても、無理はない。そうして双方、主張が噛み合うこともないまま、いつものように私が主張を通すかたちで、なかば強引にホームページを制作することになった。

開設にいたる経緯こそすっきりしなかったが、結果は早くも開設初日にあらわれた。オフィスのレイアウト変更を検討している企業から問い合わせをいただき、80坪程度の案件を受注することになったのだ。その後も、期待をはるかに上回る反響が寄せられて、私はたしかに潜在ニーズという地下資源を掘り当てた手応えを実感した。そして、またもや父と母の反対を押し切って強行しただけに、結果を出せたことで、ひとりひそかに胸をなでおろした。

ホームページの開設は、結果として、ファシリティマネジメント事業のスタートを告げる号砲となった。ＭＡＣオフィスの原型が、このとき生まれたのである。だが、この一件によって、両親との距離はますます遠のいてしまった。そして、それ以降も事業が新たな方向へと進むほど、隔たりは大きくなっていった。

端境期を支えた2つの事業

いまこうして振り返ってみると、文具からＯＡ機器を経てレイアウトプランニングへと発展し、やがてファシリティマネジメントへいたる道筋は、経営という観点でとらえても無理のない自然な変化だったと思う。時代は沼のように滞ることはなく、つねに川のごとく流れる。私としては、その流れにただ身を任せて漂うのではなく、流れに乗りつつも意思は貫いてきたつもりである。

いわば時代の要請に応じて仕事を変えてきたわけだが、変化は不安定を招く。当然、落ち着きを得るまでの舵取りは難しい。従来の事業が安定している間に新規事業を軌道に乗せ、やがて柱に育ったら、徐々に重心を移動させるのがセオリーだろう。

私の場合、文具の販売からファシリティマネジメントへと事業内容が転換する端境期にあたって、幸運にも、収益性にすぐれた2つのビジネスが、前後して経営を安定させてくれた。そのひとつは、椅子の生地張り替えサービスである。

病院のロビーや待合に置いてあるロビーチェアは、傷みが早い。生地が破れたりすると見栄えもよくないので新品と交換することになるが、総合病院となると椅子の数も多いだけに、コスト負担が大きかった。

そこで、買い換えるのではなく、修理を提案したのである。椅子の張り地である革の生地を安価で仕入れて加工する工場を営む会社との縁がきっかけで始めたのだが、中綿やバネを交換して生地を張り替えると、椅子は新品同然によみがえった。しかも、修理費は新品の3

割ほどという安価だったから、病院の担当者に提案すると、さばき切れないほどに注文をいただいた。病院から椅子を回収して修理工場へ持ち込み、生まれ変わった椅子を再び病院へ戻すのが私の仕事で、時間と手間はかかったものの、利益は大きかった。

　このサービスはホームページにも紹介していたので、他府県以遠こそお断りしたものの、大阪府下であればどこへでも出かけていった。それほど利益幅の大きなビジネスだったのである。北新地や宗右衛門町のクラブからも注文をいただいた覚えがある。トラックの荷台に高級ソファを乗せて日の高いうちに訪れると、営業が始まる夜までに酒屋に回収される酒瓶の触れ合う音がガラガラと響いていた。

　そして、もうひとつのビジネスがコピー機の無料レンタルサービスだった。

　こちらはコピー機のメンテナンス会社との縁で始めたのだが、ずいぶん大きな収益になって、最も多い時期には１カ月間の売上が２００万円を超えた。お客様のオフィスにコピー機を無料で貸し出し、それを利用していただくたびにカウンター料金が入るというしくみである。いったんコピー機を設置してしまえば、私の手間はかからず利益率は１００％。お客様にとっては、コピー機を購入せずに済むため、新規開業や移転の際の初期費用が軽減されるというメリットがあって、これも喜ばれた。

　当初からホームページからの問い合わせのみで対応、営業知らずで拡大し、首都圏と近畿圏に出荷したコピー機は常時２００台程度が稼働していた。

ただ、こうした売上が長く続くものではないことは、私にもよくわかっていた。これほど需要のあるビジネスには必ず大企業が参入してくるだろう。せいぜい3年といったところだろうというのが、当初の読みである。その間に専門的な知識や経験をもつ人材を採用して、新事業の基盤を固める。それが私の戦略だった。その後コピー機レンタル事業は後述する東京進出後に売却することになる。

すべてがおおよそ私の目論見《もくろみ》どおりに推移して、ついに従来の文具の売上と新事業の売上が逆転したのは２００６年ごろであった。東京への進出が、いよいよ現実の課題として浮上していた。

大阪の地の〝不利〟

そもそも東京への進出は、私がファシリティマネジメントを将来的な事業の柱にしようと想定しはじめたころから、漠然と考えていたことなのだが、新事業が軌道に乗り、規模が大きくなるにつれて、その必要性を痛感させられる場面が増えていた。というのも、東京に拠点をもたないがゆえに仕事を失うケースが散見されるようになってきたからだ。

そのころ、仕事の依頼の多くは東京に本社を構える企業からいただいていた。関西へ支店や営業所を開設するにあたって、オフィスのプランニングを考えてほしい、といった相談である。これに対して、私たちはヒアリングを繰り返し、お客様の要望を的確にとらえてプランを提案する。それなのに、最終的な決裁をいただく段階で、その会社と取引関係があった東京の同業者から横槍が入ってしまう。担当者同士の人間関係もあって、遠い大阪の会社に依頼するより、なじみ深い都内の会社に依頼したほうが、何かと都合がいい、という判断なのだろう。

プランニングには入念な打ち合わせが必要なだけに、それぞれの仕事に対する私たちの思い入れは強い。東京への進出は、もちろん売上を確保するうえで必要なことだったが、従業員のモチベーションを維持する目的もあった。成約を目の前にして他社に仕事をさらわれてしまう状況のなかでは、モチベーションなど上がるはずがない。ゆっくり構えている時間的な余裕はあまりない、と私は感じはじめていた。

だが、大阪から東京へ拠点を移すことは、本格的な事業転換をも意味する。そのとき、家業をどうすべきか。本来、事業の発展を想像すれば夢もふくらむはずなのだが、父と母のことを思うと、私の気持ちは暗く沈んだ。

リーマンショック後の決断

つくづく、人生において適切なタイミングをとらえるのは難しいものだと思う。自分にできる範囲で万全な準備を整えても、ときに思わぬ災厄に見舞われることもあれば、想像もしない出来事に行く手を阻まれることもある。私の東京進出を阻もうとしたのは、２００８年９月に起こったリーマンショックだった。

あの出来事はまさにアメリカ発の世界恐慌であった。一見、何の関係もない丸池文具店のような零細企業でさえ、甚大な影響を受けた。

じつは、その直前まで日本経済は「いざなみ景気」と呼ばれる好況が続いていて、関西でもオフィス需要が高まり、丸池文具店の新事業もその恩恵に浴していたのである。従業員も少しずつ増えて、そのころには十数名になっていたが、それでもつねに人手が足りない状態であった。

ところが、リーマンショックを境にして、ぴたりと需要が止まってしまった。それまでは休む間もないほどに問い合わせの電話が鳴る日も少なくなかったのだが、朝から夜まで一度も電話が鳴らない日もあって、どこかで回線が切れてしまったのではないかと疑ったものである。入っていた仕事もほとんどがキャンセルされ、信じがたいことに、すっかり仕事がなくなってしまった。

当初こそ、多忙な日常から解放されたとひそかに喜ぶ声も聞こえてきた。しかし、そんな日々が1カ月間も続くと、さすがにみんなの顔が青ざめてきた。とにかく仕事がないから、デスクに向かっていてもやることがない。おそらく、そのころはみんな「もうすぐ潰れる」と、内心思ったに違いない。私はその動揺が恐ろしかった。仕事がないこと以上に、せっかく仲間に加わってくれた従業員たちが、会社に見切りをつけて辞めてしまうダメージのほうが、私にとっては大きかった。

そこで、まず当面の間、従業員の給与を全額保障したうえで、勤務時間を短縮することにした。もちろん、それでも人件費が減るわけではないからコストダウンにはならないのだが、仲間たちを会社に縛りつけておくためだけに出社させるよりはましだと思ったのだ。もっとも、ネタを明かせば松下幸之助氏のまねをしただけで、オイルショックのとき、他社が従業員の一時帰休に踏み切るなかで、松下氏は松下電器産業（現パナソニック）の勤務時間を連日「半ドン」に短縮して不況を乗り切ったという。先人の知恵には、学ぶものが多い。

そのうえで、ある日、全従業員に集まってもらって、会社の財務状況を正直に伝えた。

この状況が1年間、続いたとしても、全員の雇用を守るくらいの蓄えはある。絶対に解雇はしないから、安心してほしい――。

そう話をした。実際、私が家業に戻って以来、長い間、苦しめられてきた８０００万円もの借入金は、10年がかりで完済できていた。その後、内部留保の蓄積に努めたことで、２億円程度の資金が積み上がっていたのである。しばらくの間、相変わらず仕事はほとんどなかったものの、これ以降、どこかふわふわと浮ついたように感じた社内の空気が、すっと静まったように思う。

ちなみに、私は後年、このときとほぼ同じ話を全従業員に対して繰り返している。コロナ禍によって、かつてと同じく、ぴたりと仕事が止まってしまった２０２０（令和２）年の春先のことである。まさか同じ局面が再び訪れようとは想像もしなかったが、あらためて危機への備えとしての内部留保の大切さを思った。

私が東京への進出を決断したのは、そうした状況のさなかであった。社員の一部からも反対の声が上がり、当然ながら両親とも反対した。とりわけ母は、親戚はもとより、店のお客さんまで巻き込んで私の東京進出を止めにかかった。たしかに、反対には一理も二理もある。だが、このタイミングを逃せば、東京へは永遠に進出できないような気がした。景気は最悪といっていい状況だが、事業の社会的な価値を信じて挑戦すべきである。私は、自分の判断を信じた。結果として、その判断は間違っていなかったと思う。

株式公開の夢

2009（平成21）年3月、私は3名の仲間とともに東京へ拠点を移し、新たな挑戦を始めた。それに伴って、その前月には社名をMACオフィスに変更し、前後して文具販売業を定款から外し、思い出深い祖業から撤退した。

文具の売上はこのときすでに年々減少していたとはいえ、まだ1億円は下らない水準であった。家業の原点でもあり継続する道もあったのだが、在庫管理の負担が意外に大きく、何より片手間で続けるようでは、長年支えてくださったお客様に対して失礼ではないかと思い直して、信頼できる仲卸会社に販路を譲った。当時の売上は4億円ほどだったから、新たなスタートに際して4分の1を捨てたことになる。

もし、このとき文具の販売から撤退しなければ、当面は経営がより安定したかもしれない。ただ、ファシリティマネジメント事業に全力で取り組めたかどうか。MACオフィスにとって、ひとつの分岐点であったことはたしかである。

あのとき、違う道を選んでいたら……と思うことは、ほかにもある。

たとえば、オフィスプランニングからファシリティマネジメントへと事業が発展していくどこかの段階で、私が新たに起業するなり、事業を分割するなりして、丸池文具店とは別の道を歩むという選択肢もあったはずである。実際、父と母にそうした提案もしたのだが、同意を得られず、実現することはなかった。

　私自身についてさらに遡ってみれば、家業に戻ることなく、もしサラリーマンを続けていたら、と想像してみることもある。もちろん、その道がどんな人生につながっていたかはわからないが、少なくとも父と母とは、いまもありふれた親子関係でいられたのではないか。そう考えると、正直なところ、少しばかり悔やまれる。

　そうして自分がたどったかもしれない仮定の人生をあれこれ思い浮かべるたび、なぜこうなってしまったのだろう、と思う。どうにも納得しがたい気持ちが、抑えがたく頭をもたげてくるのである。

　ただ、私は自分自身が信じた道を歩んできた。それゆえに、いまのＭＡＣオフィスがあることだけは間違いない。そしてこの道の先には、きっと「株式公開」がひとつの通過点として、私たちを待ち構えているはずである。ＷＥＯマネジメントシステムには、それにふさわしい社会的な意義がある。

　いつの日か、株式の公開が実現するなら、その機会を両親との和解につなげることはできないかと、じつはかすかな望みを託してもいる。これまでも、私なりには関係の修復を試みてきた。母の誕生日に花を贈りつづけていた時代もあったが、返ってきたのは「贈ってもらわなくて結構です」という短いメールだけであった。

それでも、夫婦で創業した会社が晴れの日を迎えるとなれば、父と母の気持ちも少しは変わるのではないか。そんなわずかな期待を込めて、記念のパーティーに創業者夫妻を招待してみたい、というのが、私の願いである。

私たち親子にとって、それはおそらく最後の和解のチャンスになるはずである。招待状が届いたら、ふたりとも驚くに違いない。

——注——

【注1】出所：「オフィスジャパン」（現「ＢＺ空間」）２０１３年秋季号、シービーアールイー株式会社発刊

【注2】ザイマックス不動産総合研究所「東京23区オフィステナントの入居期間分析（２０１８年）」２０１８年12月7日公開〈https://soken.xymax.co.jp/2018/12/07/1812〉

【注3】株式会社リクルートキャリア「新型コロナウイルス禍における働く個人の意識調査」（２０２１年１月発表）、同「ＴＯＰＩＣＳ編」（２０２１年２月発表）

おわりに

振り返ってみれば、システム開発会社を辞めて小さな文具店を継いでからの数年間、どうすれば家業を潰さずに済むか、ということで私の頭はいっぱいだった。長年の間に積み重なった借金を完済するめどが立つまで、費用を減らし、少しでも売上を増やすことのほか、考える余裕がなかったのだ。将来の展望や企業としての理念など、本来、経営者が思いをめぐらすべきテーマをじっくりと考えるようになるのは、どうにか危機的な状況を脱してからのことである。

経営者には、志や夢を実現するために起業する人が少なくないが、私の場合は順序が逆であった。経営に携わりはじめてから、経営者としてどうあるべきか、どういう会社にしたいのかを考えたのである。

こういうとき、手本となる経営者やアドバイスをくれる先輩がいれば心強いのだが、私にはそうした方が周囲にいなかった。そこで、私は書籍に学んだ。松下幸之助氏をはじめとする国内外の経営者の本を手に取って、経営者としての心構えやマネジメントの要諦を学び取ろうとしたのである。さらに、経営学や経済学、中国古典、歴史、文学などにも接した。人格の陶冶《とうや》を願えば願うほどに我が未熟さばかりが目について、はたして経営者の資質があるのかと、たびたび自分に疑いの目を向けたものである。

だが、企業としてめざすべき方向性については、模索するまでもなかった。私自身が他人の真似を好まない気質だったこともあり、誰もやらなかったビジネスに挑戦しようと考えたのだ。当然、それは人々を幸せにするビジネスでなければならない。口はばったい言い方だが、どんなに小さな会社も公器である以上、国家や社会の役に立つ存在であるべきだろう。

文具店がＯＡ機器やオフィス家具を扱いはじめ、オフィスの内装やデザインを手がけるようになり、やがてＭＡＣオフィスへと姿を変えていったのは、そうした考えからである。その延長線上に、今後、どのようなイノベーションを見据えているのか、最後に少し述べておきたい。

ＷＥＯマネジメントを事業のコアとしつつ、いま着手しはじめているのは、本書第5章でもふれた「空き家」の書斎化プロジェクトである。

全国で急増している空き家は、いまや社会的な課題で、防災や防犯といった視点でとらえても、そろそろ何らかの解決策が示されなければならない。すでに不動産業界では空き家の所有者に対するさまざまなアプローチが行われているようだが、残念ながら、土地や建物の有効活用はほとんど実現していない。

おそらく、不動産会社が積極的に働きかけるほど、所有者側は不利な条件で買い叩かれることに対する警戒感を強めているのだろう。そもそも、デフレ不況下では売却を急ぐ必要性もなく、売買が成立しにくいのである。また、個人情報保護の点で自治体や行政が積極的に介入しづらいため、所有者不明の物件についても解決のめどが立っていない。空き家を書斎に変えるというアイデアは、その社会的な意義が大きいだけに、そうした状況を動かすきっかけになるはずである。

そして、近い将来のテーマとして考えているのがバイオガス発電である。

ご承知のように、バイオガス発電は食品などの有機系廃棄物を発酵させることで発生するガスを利用するものである。ガスとともに液体肥料を生成するシステムを活用し、空き家を含めた新たな働く環境と連動させれば、循環型社会の実現に役立つのではないだろうか。そこに雇用が生まれ、コミュニティの拠点としても活用できるようになれば、地域社会への貢献にもつながるだろう。

いずれにせよ、持続可能な社会の実現に向けて、新しい時代にふさわしいオフィスが果たすべき役割は、小さくないに違いない。ＭＡＣオフィスの持続的成長を実現するためにも、今後も我々はそうしたイノベーションに挑戦しつづけて、社会から必要とされる会社でありつづけたいと考えている。

【著者紹介】

池野 衛（いけの まもる）

株式会社MACオフィス　代表取締役社長兼CEO

1971年 大阪府出身。1994年 京都産業大学工学部卒業。

1996年 大阪で両親の営む文具店を継承し、コピー機・FAX・パソコン等のOA機器販売に領域を広げた後、さらなるイノベーションを図り、株式会社MACオフィス（継承会社）の代表取締役社長兼CEOとしてオフィスコンサルティング事業のビジネスモデルを構築。

2009年 東京進出を機に、スターティア株式会社（現スターティアホールディングス株式会社、東証一部上場：3393）を引受先とする第三者割当増資を実施すると共にオフィスファシリティ事業を譲受し、主たる事業としての基盤を強化拡大に導く。

2012年 北京大学Executive MBA修了。

2017年「イコールパートナー」という考え方を見える化した同社の基幹技術「WEOマネジメント」をサービス化し、時流を捉えた内容が、働き方改革を推進する企業の経営者層に人気を博している。働く環境の最適化など、プランニング実績は1万件を超え、企業組織の賃貸オフィス戦略をサポートするコンサルティング会社として急成長中。

業界の裏表を知りつくすプロ経営者が教える

賃貸オフィスの最強戦略

2021年12月16日発行

著　者――池野　衛
発行者――駒橋憲一
発行所――東洋経済新報社
〒103-8345　東京都中央区日本橋本石町1-2-1
電話＝東洋経済コールセンター　03(6386)1040
https://toyokeizai.net/

ＤＴＰ…………株式会社キンダイ
印刷・製本……近代美術株式会社
装丁……………中村勝紀（Tokyoland）
編集協力………野元　篤、東場晴信

Printed in Japan　　ISBN 978-4-492-96202-2